ハワイの歴史を散歩する

―歴史でたどるホノルルの街―

和木よう子

東京図書出版

はじめに

ハワイと聞けば、まず最初に思い浮かぶのは太平洋の真ん中に浮かぶ常夏の島。晴れわたった雲一つない空。真っ青な海に寄せては返す白い波頭。遠くにはサーフィンを楽しむ若者たちの姿。一年を通して温暖で、穏やかな風が頬に心地良い。白い砂浜に寝転がり、ハワイアンミュージックに耳を傾ける。至福の時。何にも邪魔をされないのんびりとした時を過ごせる所。そう、確かにそのとおりです。でもそれは短い時間しか滞在しない旅行者の眼から見た限られたハワイとも言えます。ここハワイに住む百四十万の人たちにとっては、ハワイは毎日の生活の場であり、朝夕の交通渋滞もあれば、厳しいサラリーマンの生活もある暮らしの場なのです。

こんな太平洋の真ん中の、どの大陸からも三千四百キロメートルも離れた島に何時からこんなに大勢の人が住むようになったのでしょうか。考えてみた事がおありでしょうか。街行く人を見るとハワイ人よりも白人、そしてかなりの数の日系人、中国人、フィリピン人等が目に留まりませんか。実は今皆様が目にしている現在のハワイがアメリカ合衆国第五十番目の州となったのはわずか六十年ほど前の事です。

では、それ以前はどんな所だったのでしょうか。実はハワイには二百四十年を超える悲しみも喜びもある長い歴史があるのです。それをほんの一部ではありますが、これからゆっくりホノルルの街を歩きながら皆様にお話ししたいと思います。ただ前もってお断りしておかなくてはならないのは、著者は決して歴史学者というわけではありません。ですから、歴史の詳細には間違った解釈をしていることもあり得ますし、また、本文中にはかなりの推測や想像をまじえた文章もあります。それはあくまでもこの本を楽しく気楽に読んでいただく為であって、全く他意はありません。ただこの本を読まれた方がハワイに行ってみよう、海で泳いで、フラダンスを見るだけでなく、ちょっと歴史を感じる場所にも行ってみようと思われるならば、著者にとってこんなに嬉しいことはありません。

ハワイの歴史を散歩する

―歴史でたどるホノルルの街―

❖

目次

1 ハワイ諸島

—ハワイ諸島は世界で一番高い火山の頂上にある—

二〇一八年五月初めから始まった、ハワイ島のキラウエア火山の噴火による溶岩流出により、森林だけでなく、数百軒の家屋が燃え、道路は破壊されました。そして、この事がハワイ諸島は今から約五百万年ほど前には太平洋の海深くで活動を続けていた大火山脈が隆起して、その頂を海面上に現して形成した島々であることを、我々に思い出させてくれたのです。この火山群は現在海面下が約五千五百メートル、地上に突出している部分の最高峰がハワイ島のマウナケア山で約四千三百メートルです。つまり海底から測ると九千八百メートルの高さの山ということになりま

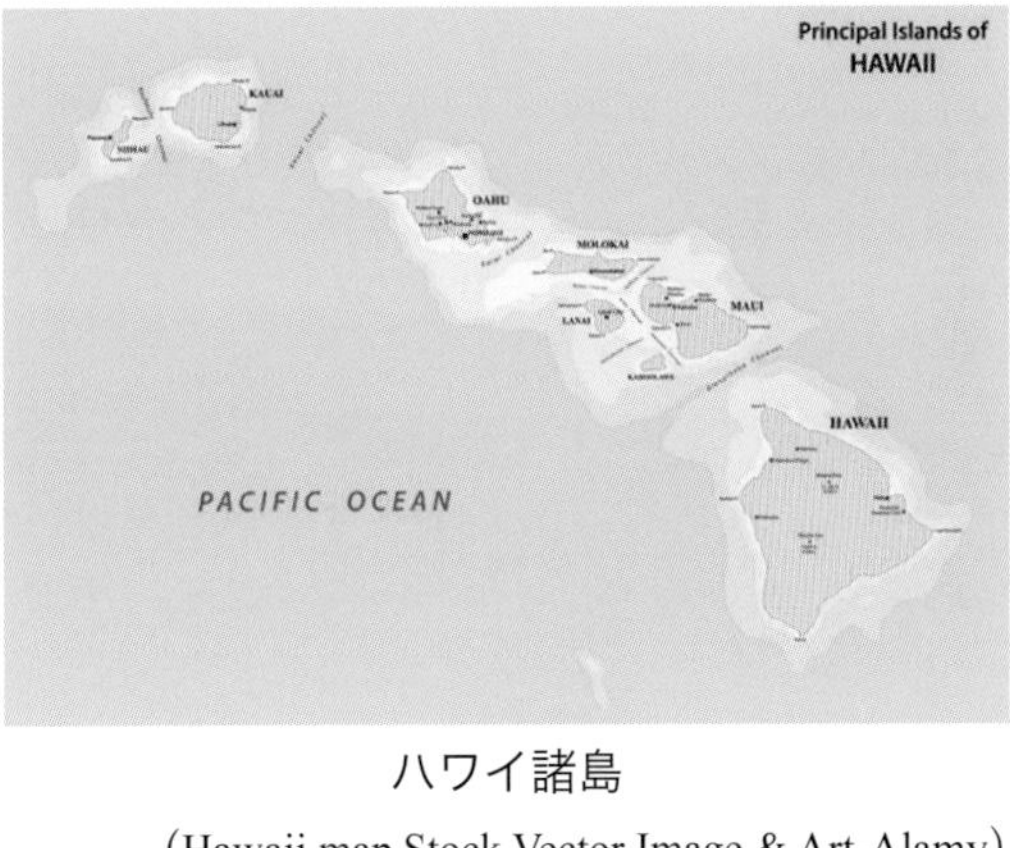

ハワイ諸島

(Hawaii map Stock Vector Image & Art-Alamy)

す。ちなみに地上最高峰のエベレスト山は八千八百四十八メートルです。この火山群は海底の太平洋プレートの上に乗っていて、非常にゆっくり、毎年約五センチメートルほどの速度で北西方向に動いていると言われています。現在ちょうどハワイ島が、真下にあるホットスポットといわれるマグマの噴出孔の上を通過中と考えられています。その為ハワイ島のキラウエア火山は今も溶岩の噴出がある活火山なのです。

　ハワイ群島は最北西のクレ島から最南東のハワイ島まで二千五百六十キロメートルにわたって点在する約百三十二の島やサンゴ礁から形成されています。この

2018年のキラウエア火山の噴火

（*Honolulu Star-Advertiser*新聞）

うち主だった島は八つあり、その名前はカウアイ島、ニイハウ島、オアフ島、モロカイ島、ラナイ島、カホオラベ島、マウイ島、ハワイ島です。このうちニイハウ島は個人所有で許可無しには行かれず、カホオラベ島はアメリカ軍隊が演習場として使用していた為、現在人は住んでいません。ハワイ島が一番大きく、またハワイ州との混同を避けるために、普通ビッグアイランドと呼ばれています。州都ホノルルの在るのはオアフ島です。

さて、こうして出来たハワイの島々に、何時ごろから人が住むようになったのでしょうか。おそらく西暦六〇〇年ぐらいには南太平洋のマルケサス諸島からポリネシア人がハワイ島に到着していたと思われます。しかしはっきりとした定住が始まったのは、一二〇〇年から一三〇〇年の間にタヒチから大型のカヌーに乗って移住してきた人々が、鶏や豚等の家畜類、バナナやタロイモ等の食べ物を持って来た頃からだと言われています。ハワイという名が使われだしたのもこの頃と思われ、この島を最初に発見したと言われる人物、ハワイロアに因んでとも、ポリネシア人の故郷をさすハワイ又はハワイキという言葉から名付けられたとも言われています。ハワイに定住した彼らは、アリイと呼ばれる首長のもとで、樹皮（タパ）から作った着物を身に着け、山間の細長い三角形の地形（アパア）で集団生活をしていました。彼らはタロイモを育てて主食とし、魚漁をしたり、バナナを収穫したり、豚などの家畜を飼ったりして暮らしていました。彼らの社会は「カプ制度」(禁じられている事)という規律によって保たれ、この規律が法の役目を果たしていました。また、アリイと呼ばれる首長たちは先祖代々神によって選ばれた特別な階級の人たちとされ、その権力は非常に強いものでした。そしてその権力はカフナと言われる、神に仕える為に特に選ばれた祭司たちによって支えられていました。彼らは先祖から伝わる血統を受け継いだ人々で、普通の人々とは、はっきりと区別されていました。

そしてこの階級制度はゆるぎないものでした。ただ、まれにアリイ階級以外の者でもアリイ階級に上ることができました。それはその者が非凡な技量と稀にみる勇敢さを示して戦い、彼には神から与えられた力があると認められた場合です。後にお話しするカメハメハ一世がその典型的な例でした。また、彼らは多神教の信者でもありました。全てを統率する父なる神(カネ)を敬い、その他、ロノ(収穫の神)、ク(戦いの神)、そしてペレ(火山の女神)など、自然の全てに神が宿ると信じていました。そしてこれら多くの神々を祭る祭壇(ヘイアウ)を島のあちらこちらに築きました。ヘイアウには大小さまざまな形や大きさがありました。大きなものでは十メートル×十二メートル四方の場所を一メートル五十センチの玄武岩の塀で囲ったものがありました。この玄武岩は遠くの湾から手で運んで来たものと考えられています。中には、また、いくつかの塀に囲まれた小部屋があり、それぞれに祭壇のようなものがあったと思われます。これらのヘイアウにはアリイとカフナしか入ることができませんでした。彼らは祭られている神に供え物をして祈りを捧げました。戦いの神クの祭られているヘイアウでは犠牲となった動物や、時には人間さえもが供えられました。これらのヘイアウのいくつかの遺跡はいまも残されています。その一つのマウイ島にあるピイラニハレ・ヘイアウの遺跡は現在整備されてカハヌ・ガーデンの中に保存されています。予約をすれば見学することもできます。

ここで少し長くなりますが、火山の女神ペレの興味深い伝説をお話ししたいと思います。今も噴火を続けるハワイ島のキラウエア火山には、火山の女神ペレが妹のヒイアカと共に暮らしていると伝えられていました。二人はとても仲が良くいつも一緒に麓の海岸へ出かけてサーフィンを楽しんでいました。ところがある日、ヒイアカは海岸でホオポエという少女と出会い友達になりました。ヒイアカが楽しそうにホオポエとレイを作ったり、フラダンスを踊ったりするのを見たペレはひどく妬ましく思ったのです。何とかヒイアカをホオポエから遠ざけようと考えていたある日、彼女は夢を見たのです。夢の中では若くハンサムな青年がとても見事にフラダンスを踊っていました。彼の名前はロヒアオと言い、カウアイ島の首長であることが分かりました。夢から覚めたペレは、どうしても彼と一緒に暮らしたいと思いました。そこで彼女は妹のヒイアカに、カウアイ島へ行ってロヒアオを四十日以内に連れ帰って来るようにと頼んだのです。これは、ヒイアカをホオポエから遠ざける為でもありました。又、ロヒアオはとてもハンサムなので、あまり親しくならないようにと注意することも忘れませんでした。ヒイアカは出発してすぐに深い森の中で大きなトカゲの悪魔に出会います。必死に戦ってやっとのことで悪魔を倒し、なお先に進むと、今度は深く大きな河に行く手を阻まれます。助けを求めて彼女が大声で呼ぶと、大きな年老いた亀が現れました。彼女は亀の背にのって、ゆっくりと河を渡っていきました。こうして長く困難な旅を経て、疲れ果てて、やっとカウアイ島に辿り着いた彼女を待っていたのは、ロヒアオは既に亡くなったという知らせでした。彼女は急いで横たわる彼の元へ行き、彼の為に心から神に祈りを捧げました。するとロヒアオは息を吹き返し、ヒイアカに感謝して、一緒にハワイ島へ行くことを約束したのです。けれどもこの時、時は流れ四十日はすでに過ぎ去っていました。いらいらしながら待ち続けていたペレはヒイアカもロヒアオも現れる様子が全くないのを知って、きっと二人は恋に落ちてしまい、帰るつもりはないのだと確信したのです。嫉妬に怒り狂ったペレは、ヒイアカを罰する為に、ホオポエを溶岩の渦で巻きこんでその命を絶ってしまいました。ヒイアカとロヒアオがやっとハワイ島へ到着した時、彼らが見たのは、石となって海辺にたたずむホオポエの姿でした。怒りと悲しみに打ちのめされたヒイアカは、ペレに復讐する為にわざとキラウエアの火口に立ってロヒアオを抱擁したのです。それを見たペレは怒りのあまりロヒアオを溶岩と炎で覆いつくしたのでした。けれども、まもなく怒りの収まった二人は、自分たちがした過ちに気が付きました。自分たちの愛したホオポエとロヒアオは死んでしまったのです。ペレはもう決してヒイアカを疑ったりしないと誓い、ロヒアオを生き返らせました。そしてヒイアカとロヒアオはカウアイ島へと帰っていったのです。一人残されたペレは火山の女神として、今なおキラウエア火山に住んでいると言われています。人々は硫黄の匂いと、時折流れる溶岩によって、彼女の存在を知ることができます。そしてペレの伝説は今もなお語り伝えられているのです。もしハワイ島のキラウエア火山を訪れる機会がありましたら是非火山の女神ペレの伝説を思い出して下さい。

ところで、話は変わりますが、ハワイ人は文字を持っていなかったので、ペトログリフという絵文字を岩などに描いて意思の伝達をしたと考えられています。又、チャントという詠唱歌がカフナと呼ばれる祭司たちによって歌い継がれる事により、伝説や祭事、その他多くの事柄が伝承されてきました。それによって、私たちは当時の様子を知ることができるのです。そしてこのような原始的ではあっても、外からの侵入者のない平和な生活が約五百年ほども続きました。

2 カメハメハ一世の銅像
—実は本人がモデルではないって本当？—

　押し寄せる大波が白い牙を砂浜に打ち付け、吹き荒れる強風は海岸を打ち砕き、椰子の葉は今にも吹き千切れるかのように右へ左へと揺さぶられ続けている嵐の夜、重大な使命を与えられたハワイ人戦士のナオレは、下帯を付けただけの身体で、夜の闇の中を歩き続けていました。稲妻が夜空を

カメハメハ一世の銅像

（著者撮影）

切り裂いて、大粒の雨は散弾のように降り注ぎ、風は怒り狂って放たれた矢のように吹きすさんでいました。彼は一息つくために、近くの岩に身を寄せなければなりませんでした。風は相変わらず吹き荒れ、雨は彼の肩を容赦なく打ち付けていました。次の瞬間、再び稲妻が光を放った時に、彼は少し先に震えるように佇む茅葺の小屋を目にしたのです。

「こんな嵐の夜に小屋を訪れる者などいるとは思えない。今なら大丈夫だろう。多分私の来るのを待っているのではないだろうか」

彼は自分の与えられた使命を思い、身体が震えるのを抑えられませんでした。成功すれば、彼の名はこの後何世代にもわたって語り継がれるだろう。しかし、失敗すれば、それは不名誉と言うだけに留まらず、或いは死を意味するかもしれない。失敗するわけにはいかない。何としても成功させなくては。彼は小屋に続く細い道をたどりながら、その日の午後、女首長のケクイアポイワに呼び出された時のことを思い出していました。彼女の住居は「王家の誕生石」と呼ばれる大きな岩の立ち並ぶ向かい側にあったのですが、この岩はそれまでにも多くの女王や王女、女首長の子供たちが生まれてきた場所でもありました。ケクイアポイワもまた自分の子供がここで生まれる事を強く願っていました。

「私の子供は男子でなくてはならない。そして彼は偉大な首長となり、恐らくは王となり、しかも歴史に残る偉大な王となるであろう。故に、あなたは私の子供が生まれるまで、私を守る責任があります」

「そして、子供が生まれたら、直ちに暗闇に紛れて飛ぶ鳥のような速さで谷を駆け下り、誰にも見られないようにして、以前教えておいたハマクア崖にある洞窟の中へ隠れるのです。いいですか、この子供の命はあなたの手の内にあるのですよ」

彼が思いにふけりながら、なおも歩き続けていると、急に雨がやみ、暗闇に静寂が訪れたのです。彼が信じられない思いで暗い空を見上げたとき、突然真っ白に輝く光の帯が、天空を切り裂いて、山々を照らしながら降り注いだのでした。彼は一瞬立ち止まって、これは若い首長が生まれたという、神の知らせだとすぐに気づいたのです。一刻の猶予もなりません。敵の首長アラパイの雇った暗殺者たちに捕らわれないように、とにかく急がなくてはならないのです。それは、一七五八年十一月のことでした。彼は再び襲ってきた嵐の中を、その小屋を目指して急ぎ駆け下りていきました。

小屋にたどり着いた彼が目にしたのはケクイアポイワを守るように囲んで座る女たちの

姿でした。そして、その中から聞こえてきたのは元気な赤子の泣き声でした。すぐにタパ布でくるまれた乳児が彼に手渡されました。

「風のように速く走りなさい。あなたに神のご加護がありますように」

ナオレはタパにくるまれた赤子を受け取ると、張り詰めた気持ちで小屋を後に、闇の中へと消えていきました。

それから、五年の歳月が過ぎ、嵐の夜に生まれた赤子は五歳になっていました。彼の名前は「パイエア」（小さな蟹の意味）から「カメハメハ」（孤独なる者）と呼ばれるようになっていました。彼の側には今も、保護者であり、指導者でもあるナオレが付き添い、日々サーフィンをはじめ体力強化の訓練に努めていました。打ち寄せる大波をサーフボードで乗りこなすのはなかなか大変なことで、まだ小さかった彼はただナオレの背にしがみついているだけでしたが、波間を縫って滑るように進む感覚は何とも言えないスリルに満ちたものでした。

「いいか、しっかりつかまっているのだぞ。俺がよしというまで決して手を離してはいけない」

ところがその時、突然目の前に巨大な波が覆いかぶさって来たのです。不意をつかれてナオレは思わず膝をおって崩れ落ちてしまいました。

「ナオレ、ナオレ！　大丈夫？　怪我はない？」

「慌てるな。大丈夫だ」

こうして、二人で過ごした楽しい日々は矢のように過ぎていきました。

一七七〇年、十二歳になったカメハメハは二十名ほどの他の首長の息子たちと共に、戦闘技術の訓練を受けることになりました。初めは槍をできるだけ遠くまで投げることでした。槍は長く、重く、まだ若い彼はその重さに膝が震え真っ直ぐ立つことが難しいほどでした。けれども、彼は歯をくいしばって、渾身のちからを振り絞って槍を投げたのです。槍は風を切って真っ直ぐに飛び、他のどの槍よりも遠くに着地しました。周りからは驚きの歓声が上がりました。彼は自分を誇らしく思い、満足な気持ちに満たされたのです。しかし、その時、一人の老戦士が皆の前に立ったのです。その姿はその場の高揚した気分を瞬時に凍りつかせたのでした。老戦士の顔の半分は鋭い刃物でえぐり取られたように失われ、醜く歪んでいました。

「見ろ！　鮫の歯が襲い掛かった結果はこれだ！　今お前たちがしている槍の訓練は遊びではないのだ。鮫から、そして将来戦場に出た時に、自分自身を、自分の命を守るためのものなのだ。この事を決して忘れないように」

その後も槍の訓練は続けられ、彼の腕は磨かれていきました。その上、彼が習得したのは槍の技術だけではありませんでした。編んだ草のロープから石を投げ出す方法、こん棒を用いての戦いのやり方、鮫の歯で作られた短刀の使い方、素手での戦い。有能な戦士になる為に必要なあらゆる訓練の全てが彼を待ち受けていました。

彼は十代の時にナハストーンと言われる巨大な一枚岩を動かしたと言われています。この一枚岩は伝説の首長の墓石として切り出されたものとされ、これを動かす事の出来る者

は、将来ハワイ全島を統率する者であると言われていました。（現在この岩はハワイ島の公立ヒロ図書館の庭に置かれています）

そして又、五年の歳月が過ぎて、カメハメハは十七歳の逞しい青年に成長していました。ある日、突然、彼は父ケオウアの死に直面したのです。けれども、彼は悲しみに身をゆだねる暇もありませんでした。というのも、父は首長アラパイの息子、ケアベに毒殺されたと聞かされたからでした。叔父のカラニオプウが言うには、

「ケアベは土地と権力を手に入れる為には、人の命を何とも思わない」

彼は叔父のカラニオプウと縦隊を率いてケアベの立てこもる寺に向かって進んでいきました。彼にとっては初めての戦いではありましたが、恐れも不安も感じませんでした。この日の為に耐えてきた厳しい訓練であり、戦いの神は自分に味方してくれると信じていたからです。彼らは寺を囲み、手に手に、槍や石を持ち今しも攻撃を開始しようとした時に、怒りに燃えたケアベの声が響き渡りました。

「カラニオプウの軍隊はここで何をしているのか！」

カラニオプウはゆっくりと石つぶてのような声で答えました。

「貴様は私と自分の実の父親であるアラパイ王を騙し、王と私の土地を盗んだ。そして若き首長たちを殺害し、彼らの土地も盗んだ。故に今、私が貴様からその土地を取り戻すのだ」

ケアベは喚いた。

「そうはさせないさ」

しかし、その声はすでに槍と石をもって進み始めている戦士たちには届かなかった。

「突撃！」

カラニオプウの声が響きわたった。槍と石が容赦なく投げこまれ、ケアベの側からも激しい応戦が始まった。振り回されるこん棒、切り割く短刀、ぶつかり合う身体。傷ついた者のあげる悲鳴。双方とも一歩も引かないまま、戦いは何時終わるとも知れませんでした。けれども、ついに突き下ろされた槍先がケアベの体を貫いた時、戦いは終わったのです。静寂が訪れ、カラニオプウがゆっくりと演壇にたちました。

「戦いの神のご加護を受けて、今、私はこの島の王となった。これからは平和の神ロノの助けを得て、土地は正当な持ち主に返されるであろう。間もなくここカイルアにて会議を開くつもりである」

こうして、王となったカラニオプウはまず議会を招集して、土地を正しく分配することから始めました。どの首長からも不平は聞かれませんでした。カメハメハも勇気ある戦いを認められ、王子の称号を与えられて、ワイピオ渓谷の土地を与えられました。そして、しばらくは平和な時が流れたのです。

けれども、それも長くは続きませんでした。それ以前から不穏な動きを見せていたマウイ島のカヘキリがカラニオプウの息子のキワラオ王を攻撃して、彼の土地や家屋を略奪したとの知らせが入った為でした。初めカラニオプウは話し合いで同盟を結ぶ提案をしたのですが、カヘキリは拒否したばかりでなく、なおも土地の侵略を続け、権力を拡大していったのです。カメハメハはすぐにでも制圧に向かうべきだと思ったのですが、カラニオプウは準備に一年掛かると言うのでした。その理由はマウイ島を攻める為には海を渡らなくてはならず、沢山の大きなカヌーが必要だったからです。カヌーを作る為には、多くの木を切り倒さなくてはなりませんでした。切り倒された木は、石の斧で船底の形を整え、中をくり抜き、人や食糧を載せられるようにしなくてはなりません。何よりも大変なのはカヌーの本体を繋ぎあわせたり、マストにタパ布の帆を縛りつけたりする為の堅牢なロープを作ることでした。その為に植物の茎の繊維をねじり合わせたり、編んだりするのに、終わりが見えないほどの時間がかかったのです。そして、それには、大勢の人の労力と時間が必要でした。戦士を乗せ、武器を運び、食料を載せてマウイ島までの六十マイルを航行できるだけのカヌーには大きさと丈夫さが必要だったのです。

一七七八年の九月のマカヒキ祭り（収穫祭）が近づいている時でした。カメハメハはマウイ島への出撃の命令をカラニオプウから受け取ったのです。赤く輝く朝日の昇り始めるとき、彼は五列連隊のカヌーを率いて漕ぎ進みました。追い風を受け、カヌーは矢のように速く波間を抜け、マウイ島のハナ港を目指しました。予定よりずっと早く目的の浜辺に到達した時、浜は無人のように見えました。しかし、すぐに二人の歩哨の姿が見え、カメハメハの軍勢が上陸するより早く、武器を携えたマウイの軍隊が列をなして海岸に整列したのです。思いがけない展開にカメハメハは心の内で祈りを捧げました。初めは次々と倒されていく戦士たちを見て、希望を失いそうになりましたが、何とか浜のはずれにある石でできた要塞にたどり着くことができたのです。その夜はそこで過ごすことになりました。

翌朝目覚めたカメハメハたちに驚きの知らせがもたらされました。あの何者をも恐れぬカヘキリが停戦を申し込んできたと言うのです。初めは誰一人信じる者はありませんでした。しかし、カラニオプウの発した次の言葉はそれ以上に驚くべきものであったのです。

「今朝、神ロノが我らの島にお戻りになった。カヘキリも我らも戦いをやめ、神ロノの到着をお待ちする。明日の朝には必ず神ロノにお会いできるだろう」

一七七九年にキャプテン・クックがハワイ島を訪れた時、カメハメハはその船がもたらした西洋の武器の凄さに驚き、その性能に注目しました。それまでの首長たちの戦いは槍、木刀、石鉄砲等を用いたものでしたが、彼は西洋の鉄砲に目をつけたのです。そして、一七九一年の初頭、英船籍のエレノア号が入港して来た時、彼は何とかして西洋の武器、大砲やマスケット銃、刀等を手に入れたいと思い交渉をしたのですが、上手くいきませんでした。ところがその時、首長の一人、カイアナが近くに逗留していたスクーナー船のフェア・アメリカン号の船長と船員を、ただ一人を除いて殺害、船を強奪したと知らせてきたのです。怒りに燃えたカメハメハに、カイアナはエレノア号の船長のメットカフがカヌーで近づいたハワイ人に向けて大砲を発砲、百人以上の者を殺害したからだと言い、また、フェア・アメリカン号の船長はメットカフの息子であったというのでした。この時のただ一人の生存者がジョン・ヤングでした。彼はメットカフ船長の暴挙を目の当たりにして許すことができず、自ら船を降りていたのです。そしてエレノア号に残っていた友人のアイザック・デヴィスにも降りるように伝えたのです。カメハメハは二人を丁重に扱い、今、船に戻るのは危険だから、次の船が来るまで留まるようにと薦めました。ヤングは船乗りとして長い経験があり、船の修理に長けていました。デヴィスはヤングより十歳下でしたが、副船長の位置にあり、船を指揮することもできました。二人は差し当たりカメハメハに協力することにしたのです。カメハメハはフェア・アメリカン号の船主が現れて返還を要求するのを一ヶ月待ちました。そして一ヶ月後に、二人のイギリス人、ジョン・ヤングとアイザック・デヴィス、そして愛妻のカアフマヌを伴って船に乗り込み、船内を探索したのです。船はキャプテン・クックの船ほど大きくはありませんでしたが、装備は完全なものでした。大工仕事用の道具類、沢山の金属の棒、ロープ、帆布があり、三つの大砲が据え付けられていて、船の前後には回転銃が装備されていました。そして船倉には沢山の弾薬が備蓄されていました。ヤングの提案に基づいて、カメハメハはこれらの装備を陸揚げして、これからの戦いに使用することにしたのです。

そして彼のハワイ全島統一の戦いが始まりました。彼はまずハワイ島を制圧し、カフナのお告げに従って戦いの神クカイリモクを祭る巨大なヘイアウ（神を祭る神聖な場所）を建設しました。その後マウイ、ラナイ、モロカイを制圧、オアフ島に上陸。一七九五年、カメハメハはオアフ島のヌウアヌ・パリの戦いで勝利し、つ

ヌウアヌ・パリの戦い

(Kane Family Trust所蔵)

いにカウアイ島を除くハワイ全島の支配者となりました。現在、この最後の戦場となったヌウアヌ・パリはホノルルとカネオへを結ぶパリ・ハイウェイの途中の崖の上にある観光スポットとなっています。ここに立つと下から吹き上げる強い風に思わずよろめいてしまうほどです。

その後、カウアイ島は彼の二度にわたる試みにもかかわらず、暴風と疫病に阻まれて戦闘には至らなかったのですが、一八一〇年、カウアイ島の首長カウムアリイは、カウアイ島を自分が治めることを条件に、彼の支配下に入ると譲歩してきました。こうしてハワイ全島を平定したカメハメハはハワイ王国を建立、初代国王カメハメハ一世となったのです。

さて、時は過ぎ、十九世紀も末に近づき、ハワイ王国は第七代デヴィッド・カラカウア王の治世となっていました。一八七八年、マウイ島ラハイナの議員であったウォルター・ギブソンは偉大なる王、カメハメハ一世を讃え、その銅像を建立することを提案し、議会及び国王の承認を得ました。彼はすぐに米国東海岸へ行き、ボストンの有名な彫刻家トーマス・グルドに面会しました。グルドは「サンドウィッチ王国の為の仕事」をする事を喜んで引き受けました。沢山の書状と写真が取り交わされ、最終的に、若くて逞しい軍人ロバート・ホアピリ・ベイカーの写真と、鳥の羽根のケープを纏ったハワイ人、カラカウア王の描いた槍のスケッチなどを参考に銅像の製作が開始されました。グルドによって作られた石膏像が一八七九年の十二月に完成し、彼の息子アルフレッドの考案した台座のデザインとともにパリの製作所へ送られました。一八八〇年五月、ギブソンは議会において、銅像は素晴らしい出来栄えで、パリで展示されて人々の関心の的となり、ハワイ王国の大いなる宣伝になったと報告しました。銅像はドイツのブレーメンに送られ、ハワイ行きの船ハエンデル号に載せられました。ところが、ハエンデル号は大西洋のフォークランド島の近くに差し掛かった時、猛烈な台風に襲われ、出火し、暗礁に乗り上げてあえなく沈没してしまったのです。もちろん、王の銅像も全ての積荷と共に深い海の底へと沈んでしまいました。しかし、不幸中の幸いと言うか、銅像には保険が掛けてあったので、すぐにもう一度銅像を作り直すように、まだ鋳型の残っていたパリの製作所へ依頼することができたのです。もう一度作り直された銅像はアバーマン号に載せられて、一八八三年二月十四日のカラカウア王の戴冠式の除幕式に間に合いました。それが現在アリイオラニ・ハレ裁判所の前に立つカメハメハ大王の像です。ところで、フォークランド島の沖に沈んだ銅像はどうなったかと言いますと、実はその後、海中から引き揚げられ、その地の、ある商店の前に立てられていたのですが、それを、アメリカ人でハワイの事をよく知っている船長に発見され、買い戻されてハワイへ持ってこられました。もちろんハワイ政府はすぐにこれを買い戻し、現在はハワイ島のカメハメハ生誕の地であるコハラの旧裁判所前に建てられています。

ところで、普通銅像はできるだけ本人に似せて作るものだと考えられていませんか？　では何故カメハメハ一世の銅像は本人に全く似ていないのでしょうか。その理由を考えてみますと、まず第一に彼の写真は一枚も無いという事です。もちろんあの当時ハワイにはカメラなどありませんでしたから。それと彼を描いた肖像画は彼の晩年の一八一六年頃に描かれたものしかなかったからです。それはロシア船籍の船で訪れたドイツの探検家コツェブ（Kotzebue）に同伴していた画

カメハメハ一世晩年の肖像画

（ハワイ州古文書館）

家ルイス・コリス（Louis Choris）が一八一六年に描いたものです。カメハメハ王はコリスの描いたハワイの景色や村の生活の様子などが大変気に入って大いに褒めたのです。けれども彼の肖像画を描きたいと申し入れられた時は、初め断固拒否したのですが、コツェブが「私たちの友情の思い出の為に」と強く願うと、態度を和らげて、お気に入りの洋服、英国風のシャツにスカーフを巻いて現れました。絵が描かれている間、彼は落ち着きなく体を動かしていましたが、出来上がった絵を見て、子供のように大笑いをしました。そして、すぐにカアフマヌの肖像画も描くようにと頼んだのでした。コツェブはその後ヨーロッパに戻ってこの肖像画のコピーを沢山作り、後に実物のカメハメハを描いた唯一の肖像画として多くの出版物に掲載されることになりました。

つまり、彼の若かりし頃の雄々しい様子を窺える肖像画は無いというわけです。偉大なる大王の銅像を年老いた老人にするわけにはいきません。そこで、若々しく勇壮な姿の銅像にするために、当時の若く逞しい軍人がモデルとして選ばれたのです。けれども彼の着ているマントは実際に大王が着用していたものです。このマントは王が公式行事の際と戦いに出る時に使われたものです。そしてこのマントはカメハメハ一世の為に特別に作られたもので、五十万枚以上の鳥の羽根をネットに繋ぎ合わせたものです。ハワイ人の鳥の捕獲に携わる者が、先祖からのしきたりに従って八世代にもわたたって、七十万羽もの黄色い羽根をもつマモ鳥の羽根を採取しました。一羽の鳥からは数枚の羽根しか引き抜かず、すぐに解き放ってやりました。こうして作られたマントが王のローブとして受け継がれてきたのです。持っている槍は自分を守るための武器、それを左手に持っているのはもう戦いは終わりになったのだという意味です。そして右手は人々に向けて友情とアロハの気持ちを差し出しています。ついでに台座の四枚の絵について簡単に説明します。一枚目（正面）は若き日のカメハメハ一世がキャプテン・クックを船上に訪問する様子。二枚目は戦場で投げられた沢山の槍を払いのける彼。三枚目は勝者としての彼がコハラの断崖から戦に使われたカヌーを視察する様子。四枚目は平和を願い老若男女を守る彼。次回銅像を見に行かれる時は銅像だけでなく台座の四枚に描かれたシーンにもご注目下さい。

3 太平洋の楽園

―太平洋の楽園の夢はキャプテン・クックによって破られた―

英国海軍のキャプテン・クックは三度目の航海に赴いていました。今回は、ヨーロッパから北米の北側をまわって、アジアに至る大西洋と太平洋を繋げる航路を見出す事が目的でした。彼は以前にタヒチを訪れた事があるので、今回もタヒチから北に向かって航海を始めました。そして、一七七八年の一月に、彼は船の進む先に、今まで知らなかった島々を発見したのです。「一体どんな島なのだろうか？」探検家でもある彼は、この島へ上陸して調査しようと船を近づけて行きました。もちろん、無人島なのか、人が住んでいるのかは、まだ分かりませんでした。ところがこの時、ハワイでは農耕の神ロノを讃えるマカヒキ祭の真っ最中で

キャプテン・クック
（ハワイ州古文書館）

した。神に祈りを捧げようと集まった人々は、暗闇の中から現れた白い巨大な帆船を見て驚愕したのです。

「あれは何だ！　あの白い巨大な海に浮かぶ物は？」

「そうだ、あれは海から必ず現れるという神ロノの一行にちがいない」

「ついに我々のもとへおいでになったのだ」

人々の報告を受けた首長カラニオプウは直ちに数名の従者を従えて海辺へと急ぎました。若きカメハメハもその中の一人でした。

「この巨大な白い物は神ロノの神殿に違いない」

初めは信じられなかったカメハメハも、近づいてくる巨大な物は神殿だと信じるしかありませんでした。最初の神殿が波間を進んで来ると、そのすぐ後に、もう一つの神殿が見えました。彼はこの二隻は神殿ではなく、巨大な船かもしれないと思いました。しかし、たとえ船だとしても、こんなに大きな物は神にしか作れないと確信したのです。たとえカヌーだとしても、これほど高く大きなカヌーは神にしか作れない。それにあの白く輝く帆を掲げているポールも神の手によるものだとしか考えられませんでした。首長カラニオプウは、神ロノに敬意を表するため、カヌーに生きた豚、果物、羽根の団扇、旗等を贈り物にする為に載せ、カメハメハ以下数名の従者をつれて船に向かいました。ただし、念のために、腰に短剣を提げることを命じることは忘れませんでした。彼らのカヌーはゆっくりと船の周りを旋回しながら近づいて行きました。カメハメハが見上げると船の手すりに沿って奇妙なものを頭にのせた、見慣れない青白い顔が並んでいました。その上、日が射して暑くなってきたというのに、彼らは厚手の、肩や首を覆い、耳まで届きそうな衣服を身に着けているのでした。しばらくすると、船から綱の梯子が降ろされてきました。カラニオプウが先に上り始め、カメハメハたちがその後に続きました。船上では白い肌の者たちが半円状にならんで立ち、彼らを迎えました。しばらく黙って立っていたカラニオプウがついに宣言しました。

「彼らは神ロノである」

そして、恭しく赤いタパを捧げ、神ロノを迎える儀式を執り行い、ロノを讃える聖歌を歌い始めました。歌が終わると、静かに歌を聞いていた白い肌の者たちの間から、一人のリーダー格の者が進み出てきました。

「私はキャプテン・クックです。この二隻の船、リゾリューション号とディスカバリー号の船長です。大英帝国のジョージ国王からのご挨拶を届けにまいりました」

そう言って、彼はカラニオプウに手を差し伸べ、その様子がとても友好的だったので、二人はしっかりと握手をしたのでした。

「貴方の話している言葉は分かりませんが、貴方がロノだという事は分かります。私たちは平和の神ロノに捧げる為の贈り物をお持ちしました」

そして、子豚、新鮮な果物、タロイモ等が手渡されました。キャプテン・クックからは、返答品として、柔らかくきめの細かい布や、キラキラ輝く石が渡されました。最後に渡されたものは、今まで見た事のない短剣でした。その刃は普通より長く反っていて、薄く、鋭く、貝のように磨きあげられていて、しかもそれは硬く、指ではじくと深く響くような音をたてるのでした。カメハメハはこの短剣を見ながら、「どうしたらこんなに鋭く、輝く短剣が作れるのだろうか」と考えました。「これがあれば、戦いに何と有利になる事だろう。たった一突きで相手を倒すことができる。ロノがこの武器を自分たちにもたらしたのは、私たちが敵の首長を倒して、全島を治めるようにとのお告げではないだろうか？」その後、彼らは船の中を案内されて、次々と今まで見た事も無いものの説明を受けました。この時通訳をしたのが、ジョージ・バンクーバーでした。彼は士官として、キャプテン・クックと南太平洋を回る内に、タヒチの言葉を覚え、それはハワイ語とよく似ていたのです。言葉が通じる事で、すっかり意気投合した彼らは、お互いにいろいろ質問しあって多くのことを学んだのでした。翌日、二隻の船は、また戻ってくると約束して出港して行きました。

こうして神ロノと間違われたまま、クックは再び北西航路を見つけるために北へと去っていきました。しかし一年後、氷山に行く手を阻まれて、探索を諦めたクックは船の整備をしてから英国へ帰ろうと思い、一七七九年一月に再びハワイ島に入港しました。この時、彼はこの島々を、自分のパトロンであるサンドウィッチ公に因んで、サンドウィッチ諸島と命名したのです。ケアラケクア湾に錨を下ろした彼を、首長のカラニオプウ始めカメハメハ、そして、多くの村人が出迎えました。初めの内はお互いにカヌーの作り方を教えたり、お返しに鉄製のナイフを贈ったりして良い雰囲気であったのですが、次第にカラニオプウはクックたちの神聖さに疑いをもち始めました。というのは、船員たちがあまりにも村の女たちを追いかけまわし、手籠めにしだしたからです。また、村人たちは、数本の釘や小さい鉄片と交換するために、たくさんのヤムイモやタロイモ、豚肉などを提供したことから、その後数週間、次の収穫までの食料が無くなってしまった事に気が付いたのです。また村人たちは、そうするように命じた首長とカフナ（祭司）に怒りを向けていきました。また悪い事に、たまたま亡くなった船員を葬るのを見て、人間の埋葬と同じではないかと思い、首長や神官が、彼らは神ロノの使者だというのを疑い始めていました。その上、船の修理という理由で、沢山の資材や物資を供給させられ、ついには神聖なヘイアウの囲いの木材までを薪にする為に持ち去られてしまったのです。村人の堪忍袋の緒は切れそうな所にまで達していました。そして、クックがやっと出航した時にはさすがにほっとしたのでした。

ところが、たった一週間もしない二月十一日にクックの船が舞い戻ってきたのです。というのは、出航してすぐに彼らの船は大嵐に遭遇して、マストは折れ、船底に穴が開き、航行不能となってしまったからです。やむなく再びケアラケクア湾に戻ったクックを待ち受けていたのは、打って変わった村人たちの疑心暗鬼でした。けれども、彼らはクックが折れたマストを直す間だけ上陸させてほしいという願いを聞き入れました。クックは必要な水と新鮮な野菜に相応の支払いをすると約束したのです。この時、カメハメハも村人たちと共に交渉にあたっていました。けれども、カメハメハが村に戻って調べると、もはや供給するだけの水も野菜もほんの少ししか無い事が分かったのです。彼は港の周りの歩哨を念の為に二倍に増やし、その日は何事もなく過ぎました。しかし、夜、彼が束の間の眠りについた時に、ディスカバリー号の後ろに繋いであった小舟が盗まれてしまったのです。翌朝、クックはカラニオプウを訪れて盗まれた小舟のことはあまり心配しなくてもよいと伝え、一緒に船で朝食をとろうと誘いに来ました。ちょうどカメハメハが二人を出迎える為に歩き出した時、カラニオプウの妻のカネカポレイが家から飛び出して来て、彼を引き留めようと大声を上げて彼に取りすがったのです。不意をつかれて彼はその場に倒れてしまいました。カメハメハが首長を助けようと駆け寄ったその時、一人の村人が片手に石を、もう一方の手に鉄の棒を持って、クック目掛けて突進してきたのです。

「貴様はおれの弟を殺した。お前の船員がカヌーに乗っていた弟のパレアを射殺したのだ！　これは仇討ちだ！」

カメハメハが素早く止めに入る前に、村人の投げた石がクックを襲いました。何とか石を避けたクックはマスケット銃を男に向けて発砲したのです。撃たれた男は倒れはしましたが、命はとりとめたのです。けれどもこれが引き金となって、怒りに燃えた村人たちは歩哨と共に首長を守る為に集まってきました。それを見た船員たちは恐怖にかられ、マスケット銃を発砲して、村人たちの多くを射殺したのです。けれども、数ではかなわないと考えた船員たちは、急いで船に向かって退却し始めました。そして、クックだけが後に残されてしまったのです。カメハメハはクックを守る為に走り出したのですが、一人の怒りに燃えた村人が、彼を追い越してクックに近づくやいなや、力任せにこん棒を彼の頭に振り下ろしました。倒れたクックの背中に短剣が突き刺され、偉大な航海士、キャプテン・クックの命はここに終わりを遂げたのでした。浅瀬に取り残された遺体をそのままに、司令官を失った船は、一時港を後にしましたが、数時間後、白旗を掲げた副官がクックの遺体を引き取りにきました。

ところで話はこれで終わらないのです。クックの後を継いで英国へ戻ったキャプテン・

クラークの話が広がり、太平洋の真ん中に、船が寄港するのに非常に便利な島がある事が知られるようになったのです。その後、しばらくは外国船の寄港はなかったのですが、七年ほど経った頃から、北アメリカで得た獣の皮を中国で売る為の船がハワイへ寄港するようになり、続いて次々と多くの国の船が寄港し始めたのです。船員たちがハワイの島々へ上陸するようになり、彼らは西洋文明をもたらしただけでなく、同時に西洋の病気も持ち込んだのです。それまで隔離された島に暮らしていたハワイ人には病気に対する免疫力が

ハワイ島にあるキャプテン・クックの記念塔

（ハワイ州古文書館）

全くなく、キャプテン・クック到着の頃、約三十万人はいたと言われるハワイ人は、その後次々と、外国では珍しくもなかった感冒、インフルエンザ、麻疹《はしか》、梅毒等に罹り、亡くなっていきます。統計では、ハワイ人の人口は一八五一年には八万四千人、一八七二年には五万六千人にまで減少してしまったと言われています。

4 ミッション・ハウス記念館

—宣教師たちがハワイを西洋化させていった—

ハワイ諸島を平定したカメハメハ一世の施政は伝統的なカプ制度（禁制）に基づくものでした。彼はそれまでハワイ人の守ってきた倫理的な制度を引き継いで、彼の任命した首長にそれぞれの島を治めさせました。彼が目指したのは、戦争で荒れ果てた土地を、もう一度昔の豊かなタロ畑に戻すことにありました。けれども、一度西洋の国々に開か

ミッション・ハウス記念館

（著者撮影）

れてしまったハワイがそのままでいられるはずもなく、イギリスをはじめ多くの国の船がハワイに食料や水の補給、船の修理等の為に立ち寄り始めたのです。カメハメハ一世も外国との貿易の大切さに気が付き、サンダルウッド（白檀）の貿易に乗り出しました。彼はこれを国王の独占とし、人々が勝手に木を伐採する事を禁じました。この貿易によって、彼は多くの船、銃、ラム酒、茶などを手にいれました。しかし、彼は二代目の王となるべき息子のリホリホが立派に成人する前に亡くなってしまったのです。

一八一九年五月、リホリホは二十二歳の若さで偉大なる父の建てた王国を継ぐことになりました。彼はカメハメハ一世の最初の子供で、一七九七年の十一月に、ハワイ島のヒロで生まれました。母親は正妻のケオプオラニです。初め祖母のケクイアポイワの元で育てられましたが、後に、カアフマヌに引き取られて育ちました。彼は五歳の時から次期国王と

カメハメハ二世
（ハワイ州古文書館）

してみなされていた為に、いつも父カメハメハ一世の後に従って、その背を見て育ちました。彼は王としての権力を会得する為に、神聖なる儀式の行い方や祈りの言葉を学びました。特にヘイアウで行われる神々を讃えて行う儀式は非常に大切なもので、これを軽んじることは神を侮辱することであって決してあってはならない事だと信じてはいました。しかし、彼は父親と違って、強固に自分の意志を貫くという性格を持ち合わせていませんでした。その事を危惧していた父のカメハメハ一世は亡くなる前に第一の妻で彼の母親であるケオプオラニと寵愛していたカアフマヌに彼の後見人になってくれるように依頼していたのです。しかし、カメハメハ一世が亡くなり、彼女たちが若い国王の権力を背景に始めたことは、カメハメハ一世が重んじてきた、古き良きハワイのカプ制度に基づく統治ではなく、これを壊すことでした。カアフマヌは新王の就任と同時に自分は王とその権力を分かち合うものであると宣言したのです。

「お聞きなさい、神聖なる王よ。私は貴方の父の遺志を伝えます。ここにいる首長たちも、貴方の父の家臣たちも、貴方の銃も、貴方の土地も、皆、私と貴方で共有し、管理するのです」

そしてまず彼女がしたことは、今まで女性が禁じられていた豚肉やバナナを食べることでした。

「あんなに美味しそうな石焼室（イム）で焼かれた豚を、何故、女は食べてはいけないの？」

「あの黄色いバナナだって甘くて美味しそうじゃないの」

(皆さん、食べ物の恨みほど恐ろしいものはありませんよ)

また、それまで食事を男女が一緒にとることは禁じられていましたが、彼女たちは男たちに交じって食事をし始めました。それまで、古いしきたりで育てられてきた若い王は、彼女たちの慣習を無視した行いをみて、震えるほど怖くなり、昔の伝統を重んじる首長たちのもとへと逃げだしたのです。

「何故、母やカアフマヌはカプ制度を破ろうとするのだろう？　この制度があるからこそ、我々が神から与えられた権力を持つことができるのではないか。カプ制度が尊ばれるからこそ、我々が普通の人々と区別されているのではないか」

彼は分からなくなってしまい、その苦しさから逃れる為に、彼の側近の首長たちと共にカヌーに乗って海に漕ぎだしました。二日の間、彼はラム酒の酔いに任せて、コナ湾を漂い続けたのです。けれども、後見人であるカアフマヌの強い影響から逃れることはできませんでした。カメハメハ一世が亡くなって、いまだ半年にしかならない十一月のマカヒキ祭のその日、女たちはカプ制度では禁じられていた豚肉、ココナッツ、その他の食べ物の準備をしていました。二日の間、悩み続けたリホリホ王は疲れと空腹の為にとうとう女たちのいる家へ入って行ったのです。そして、若き王リホリホはついに自ら立って女たちのテーブルに行き、食事を共にしたのです。

そしてこれが古きカプ制度の終わりを告げることとなり、これまでのハワイの制度を否定することであったのです。あろうことか、それから一週間も過ぎぬ間に、カアフマヌは神聖なハワイの神々を祭るヘイアウの破壊を命じたのです。ハワイの伝統としてきた社会の規律は破壊され、信じてきた神々は無きものとされ、人々は何を信じていいのか分からない空虚な空間に置かれてしまいました。

そしてこの空間を埋めるかのごとく、キリスト教の宣教師たちがハワイへやって来たのでした。時を遡ることおよそその二十年前、オプカハイアという十六歳のハワイ人の青年が泳いでアメリカの船にたどり着き、自分をアメリカへ連れていってくれるように頼んだのです。彼は戦いで両親を亡くし孤児となっていたので、アメリカで新しい人生を切り開きたいと考えたのでした。幸い彼の願いは受け入れられ、アメリカに渡り学問を修めると同時にキリスト教も学ぶことになりました。彼はキリスト教をハワイの人々に伝えたいと思い、聖書をもってハワイへ帰国するつもりだったのですが、その思いも空しく病死してしまいました。この事を伝え聞いた「キリスト教海外伝道協会」は、一八一九年十月にハワイへ宣教師を送ることを決めたのです。ハイラム・ビンガム牧師をはじめ教師、医師、印刷工等とその妻たちの十七名のメンバーが選ばれました。その中には六歳で教育の為にボストンに送られたカウアイ島の首長の息子ジョージ・カウムアリイも含まれていました。十月二十三日、宣教師たちを乗せたタデウス号はボストン港を出港しました。船はホーン岬を回り、百六十日に及ぶ苦しく疲れ果てた航海の後に、やっとハワイ島にたどり着きました。初めは彼らの上陸を許可する事を躊躇したリホリホ王でしたが、やむを得ずホノルルに一年だけ滞在して良いという許可を与えました。しかし一年後、彼らはその滞在を次第に延長し、ついには永住するに至った者さえあったのです。

さて、ここでもう一つ、古い慣習と新しい西洋のキリスト教の教えの違いが、王の前に立ちはだかる事になりました。それは、彼の愛するカママルとの結婚です。実は二人は異母兄妹なのです。彼の母親は先に述べたようにケオプオラニですが、カママルの母親はカラクアでカアフマヌの妹でした。父親が同一のカメハメハ一世というわけです。二人は小さい時から仲が良くて、お互いに大好きでした。そして、成長するに従って、それは男女の愛情に変わっていったのです。でも、それはハワイの慣習としては別に間違った事とはみなされず、逆に兄妹の結婚は家族の絆を強めるものとして、歓迎されていたのです。でも、西洋のキリスト教の教えでは、それは許されないものでした（現在では近親間の結婚は遺伝子学上の理由で禁じられていますが、遠い昔のハワイではそんなことは知られていなかったのです）。いずれにせよ、宣教師たちは二人を止めることはできませんでした。ということより何より、この頃のハワイではまだ夫が数人の妻を持つことが許されていました。リホリホ王も五人の妻を持っていたのです。第二夫人はカママルの妹のキナウ、カラニは彼の姪、ケカウルオヒはカママルの異父妹、ケカウオノヒは同じく彼の姪で父カメハメハ一世の孫、というわけで実に複雑で近親の関係です。いまだ古いしきたりの残る時代だったので許されていたのです。

さて、王位に就いたリホリホはますます好き放題を始めます。彼はまず船の収集にのめり込んでいきます。一番有名なのは彼が衝動的に買ったヨットの話です。一八二〇年の十一月に彼は「クレオパトラの船」とよばれるヨットを買い入れました。実に百万ポンドものサンダルウッドをその購入費に充てたのです。当時のアメリカのドルに換算すると、約八万ドルに相当する金額です。実はこのヨットはほんの数年前にマサチューセッツ州のセイレムに住むある家族が一万五千ドルほどで売りに出したものでした。彼はこのヨットに、宣教師たちを好意で無料で乗船させたり、頻繁に外国人の訪問者を乗せてお酒を振舞ったりしました。しかし、一八二二年の春になって船に使われている木材がかなり腐食していることが分かり、大々的な修繕が必要なことが発覚します。彼は大量の木材を輸入し、船の修理を始めました。そして修理を終えた船は「ハアヘオ・オ・ハワイ」（ハワイの誇り）と名付けられ、一八二三年五月十日に、再び進水式が行われ、海に乗り出しました。ところが、なんと一年もしないうちに、船は難破してしまったのです（何という無駄遣い！）。

一八二二年の四月十六日、彼がヨットの修理に明け暮れている頃、英国の宣教師、ウィリアム・エリスが六門の銃砲を装備したスクーナー船「プリンス・リージェント」で到着します。この船は英国王ジョージ四世からの贈り物でした。王は直ちに感謝の書状をしたため、更なる両国の絆を強める事を願うと伝えます。そして、王はロンドンへ行って、実際に英国王に会いたいと考えたのです。けれども、カアフマヌや母のケオプオラニをはじめ、周りの全ての人が反対しました。しかし、一八二三年の九月十六日、彼の母ケオプオラニが亡くなると、彼は決心しました。

「英国へ行って、国王ジョージ四世の支援を得よう。このままでは、自分はアメリカの宣教師とハワイの古い考えの首長たちの間で身動きがとれなくなる。英国王の助言が必要だ」

一八二三年十一月、王は最愛の妻カママルを伴って、英国王の支援を得るべく、ロンドンへと出発します。随行するのはオアフ島知事のボキとその妻リリハ、その他の首長や家臣等でした。一行はスターバック船長の率いる英国籍の捕鯨船「イーグル号」に乗り込みます。一八二四年二月に、船は途中リオデジャネイロに到着します。彼らは上陸して、時のブラジル帝国のペドロ皇帝に謁見します。王は皇帝から金色の鞘に入ったダイアモンドを散りばめた儀式用の刀剣を贈られ、返礼として、ハワイの珍しい鳥の羽根で作られたケープを贈ります。カママル王妃はダイアモンドの指輪を贈られ、お返しに黄色の羽根で作られたネックレスを贈りました。

こうして、彼らは七ヶ月もかかって、一八二四年の五月十七日にやっと英国のポーツマスに到着し、翌日、ロンドンのカレドニアン・ホテルに落ち着きます。最初のロンドンの新聞記事では、王の名前の「リホリホ」を何と発音してよいか分からず、「レオリオ」と書いたり、ハワイ王国を「サンドウィッチ諸島」と書いたりしました。外務大臣から指名されたジョン・ビングが王一行の世話係になりますが、公式行事に着ていく服装についてうるさくアドバイスするのでした。五月二十八日には数人の公爵も含めた、二百名以上の招待客を招いて盛大な歓迎会が催されました。そしてその後、彼らはウエストミンスター寺院を訪れたり、ローヤル・オペラ・ハウスでオペラを観劇したり、ローヤル劇場でバレエを見たりしました。こうした間も、カママル王妃は注目の的でした。というのも、これまでハワイ人を見た事のない英国人たちは六フィー

ロンドンを旅行中のカママル王妃
（ハワイ州古文書館）

ト（百八十センチ以上）もある彼女の英国人とは違う顔立ちや体格を珍しく思ったのです。この時、描かれた彼女の肖像画が残っています。

こうして、やっとジョージ四世との会見が六月二十一日と決まりました。ところが、彼らは肝心の王に拝謁する前に、麻疹に罹ってしまったのです。会見は延期され、病に倒れたカママル王妃は肺炎を併発して七月八日に亡くなってしまい、既に同じ病に侵されていた王は悲しみのあまりその六日後に、最愛の妻の後を追って亡くなってしまったのでした。二人の亡骸は悲しみのうちに、英国海軍の艦隊に守られて、一八二四年八月、ハワイに戻ってきました。こうしてカメハメハ二世の短い四年の治世は終わりを告げたのです。前にも書きましたように、長い間外界から隔離して暮らしてきたハワイの原住民には、西洋からもたらされた病気に対する免疫力がなかったのです。

さて、話を宣教師に戻しますと、滞在を許された彼らはホノルルのカワイアハオ地区にまず住居兼集会所となる木造の家を建てます。現在「ミッション・ハウス記念館」の一つとして残る最も古い木造建築のフレーム・ハウスです。この建物の建材は一八二一年にボストンからすでに計測されて、すぐに組み立てられるようにされたものが船で送られてきたものです。東海岸の冬の寒さに耐えられるような、丈夫で窓の小さいものでしたので、ハワイの暖かく風の吹き抜ける気候には適してはいませんでした。この後、チェンバレン・ハウス（１８３１年）とプリント・ハウス（１８４１年）が建てられました。現在これらの建物は「国定歴史建造物」としての指定を受けています。この他、隣接地にあるカワイアハオ教会（１８３６年）も彼らによって再建されたものです。ここを起点として始めた彼らの使命は、キリスト教を普及させることであり、同時にハワイ原住民の未開な生活様式を、もっと好ましいキリスト教的な西洋様式に変えていくことでした。そして彼らは王族の人々にも、普通のハワイ人にも、友好的に受け入れられたのです。多分初めは、ハワイ人が、宣教師たちの着ている洋服が素敵なので、同じようなものを作ってほしいと頼んだ、といったような単純な事から始まったのだと思われます。でも宣教師の人々は聖書の教えを広めたいとの強い思いで、ハワイ語を勉強し、ハワイ人とのコミュニケーションに努めました。ハワイ語と英語の辞書を作り、今もその分厚い本が残っています。実はそれまでハワイ語には書く文字がなかったので、過去の出来事は全て口述で伝えられてきました。それがこの時から、アルファベットを使ってハワイ語を書くことができるようになったのです。これは素晴らしい進歩だといえるでしょう。そして徐々にハワイ人はキリスト教の教えを学び、洗礼を受ける者も出てきたのです。そしてその後は、宣教師のグループだけではなく、捕鯨船の船員、貿易商人なども次々とハワイを訪れるようになり、ハワイは急激に西洋化されていきました。

5

カメハメハ三世とトーマス・スクエア

―ハワイの土地はハワイ人のもの―

カメハメハ二世のロンドンでの死去の報せを受けて、急遽国王の地位に就いたのがカメハメハ一世とケオプオラニ妃の間に生まれた次男のカウイケアオウリでした。彼は一八一四年三月十七日にハワイ島コナのケアウホウで生まれました。彼は生まれてすぐ慣習に従って首長のカキオエワに預けられ、コナの北のケカハという所で、ハワイのし

トーマス・スクエアに立つカメハメハ三世の銅像

（著者撮影）

きたりに従って育てられました。カキオエワとその家族は、彼を大切にし、本当の子供のように、可愛がって育てました。彼もいつも玩具の船で無邪気に遊ぶ子供でした。けれども、彼が五歳になった時、彼は実母のケオプオラニに引き取られる事になりました。そして、これが彼の波乱の人生の幕開けとなったのです。五歳の彼がまず最初に目にしたのは、母のケオプオラニとカアフマヌがカプ（禁制）を破って、バナナやカルア・ポーク（石を熱して蒸した豚）を、それも、男性に交じって食べる姿でした。そのようなことは、以前は考えられない事でしたが、まだ子供の彼にはよく分からない事でした。彼はその後、宣教師のもとでキリスト教や英語を学びましたが、ハワイの慣習を捨てる事はありませんでした。彼がカメハメハ三世として国王の座に就いた時、彼は兄カメハメハ二世より十六歳も年下のわずか十二歳でした。当然彼の後見人は引き続きカアフマヌでしたが、一八三二年に彼女は亡くなり、その後を異母姉のキナウが継ぎ、未だ未熟な彼のアドバイザーとなりました。

一八三四年に宣教師たちを、又も、驚愕させる事件が起きました。兄のリホリホに続き、彼が実の妹のナヒエナエナと結婚したのです。彼が二十歳で、彼女が十九歳の時でした。前にも述べましたように、古いハワイの慣習では兄妹が結婚することは禁じられてはおらず、むしろ家族の精神的な絆を深めるものと信じられ、喜ばしい事と思われていました。けれどもそれはキリスト教の教えでは許される事ではありませんでした。宣教師たちとキリスト教に改宗した首長たちの強固な反対にあい、彼はとうとう彼女との結婚を七ヶ月後に解消しなければなりませんでした。彼女と一緒にこの国を治めたいという王の願いは脆くも潰えてしまいました。悲しみに打ちのめされたナヒエナエナは病床に臥し、二年後の一八三六年の十二月、二十一歳の若さでこの世を去ってしまいました。彼女と母ケオプオラニのお墓はマウイ島のラハイナにあります。翌年、首長たちの薦めもあり、彼はカラマと結婚します。カラマは、後の六代目の国王となるウィリアム・ルナリロの両親、ミリアム・ケカウルオヒとチャールス・カナイアの養女です。二人は当時の首都であったラハイナで暮らし、二人の子供をもうけますが、子供は二人とも夭逝してしまいます。一八三九年に後見人のキナウが亡くなり、成長して二十四歳になっていた彼は国王としての責務を担う事になります。この頃になると、宣教師たちはハワイ語をローマ字で書くことを可能にし、教科書を印刷し、学校も開設しました。多くのハワイ人、子供たちだけでなく多くの大人も、学校へ行き、西洋の宗教と同時に、西洋の技術を学ぶようになりました。このような急激な変化の中で、国王が宣教師たちなどの西洋人のアドバイスを必要としたのはやむを得ない事でした。閣僚にもウィリアム・リチャード総務大臣、ロバート・ワイリー外務大臣などが任命され、中でも特に強い影響力を持っていたのがゲリッド・ジャッド博士でした。一八四〇年には最初のハワイ国憲法が発布され、これによって、かつてのカプ制度や国王の布告制などが廃止され、国は憲法に基づいて統治されることになったのです。こうして、近年増え続ける外国人が所謂「銃による外交」を強要することを避けようとしたのです。ただちに王は特使をアメリカ、イギリス、フランスへ派遣し、ハワイを独立国として認めてくれるよう要請することにしました。

しかし事件はこの間に起きたのです。この時、英国領事としてホノルルに滞在していたのがリチャード・チャールトンという、怒りっぽく扱い難い人物でした。彼は長年にわたり、不適切な土地の権利の訴訟を起こして、ハワイの裁判所で争っていたのですが、その彼が英国へ帰国する途中、メキシコで軍艦の司令官であるジョージ・ポーレット卿と会見し、この時とばかりに、ハワイで彼と彼の同胞の者が如何に不当な取り扱いを受けたかという事を延々と訴えたのです。一八四三年二月十一日、キャリスフォート号でホノルルに到着したポーレット卿は国王との面会を要請しました。しかしこの時、王は当時の首都であるマウイ島のラハイナに滞在していてホノルルには居なかったので、ゲリッド・ジャッドが外務大臣として事に当たるよう任命されていました。しかしポーレット卿はジャッド氏が勝手に王の返事を作り上げているとして、彼と会う事を拒否し、王とのみ話すとして頑なに言いつのったのです。二月十七日、何通もの書状が取り交わされた後、ついにポーレット卿は王に対して強引な要求書を差し出し、受け入れられなければ、翌日にはホノルルの街を攻撃するとまで宣言しました。やむなく王はホノルルに渡り、ポーレット卿と代理英国領事に会い数日間にわたって話し合い、チャールトンの訴訟内容を吟味することに同意しました。しかし国王といえども今は憲法もあり裁判所や議会を無視して判断を下すことはできません。けれどもポーレット卿はこれ以上交渉を継続することを拒否したのです。窮地に立たされた王は、武力行使が行われる事を避けるために、ポーレット卿の要求には応じず、英国政府の判断を仰ぐために一時的に領土を英国に譲渡すると決めました。当時の新聞には次のような記事が掲載されています。

「国王は滂沱の涙を流しながら、譲渡の協定に署名した。一八四三年二月二十五日、午後三時、ハワイ国の旗は降ろされ英国国旗が掲げられた」

彼の思いは次のスピーチで語られています。

「聞け、首長、民、吾ら祖父の時代からの人々、そして他の国から来た人々よ。私の言葉に耳を傾けよ。私は正当な理由もなく、追い込まれた苦境の為に苦悩の極に立たされている。その為に吾らが土地を譲渡せざるを得ない事になった。けれども、私は貴方たちの君主であることに変わりはない。私は一刻も早く私の行動が正当化され、我々の領土と主権が回復されることを願っている」

最終的な判断が下されるまで、人々が息をのんで待っていた五ヶ月の間に、ポーレット卿は自分と自分の士官を政府の高官に任命し、全てのハワイの国旗を破棄し、ユニオンジャック（英国旗）を主な建物に掲げて、ハワイが英国の領土となる時への準備を進めました。彼はチャールトンが自分の所有地であるとしていた海岸沿いにある土地から人々の家を撤去し、その土地の権利を自分の支配下に置きました。一八四三年七月二十六日、ポーレット卿の上官であるリチャード・トーマス太平洋艦隊司令官がハワイに到着。彼は王と会見し、状況を詳しく検討した結果、ポーレット卿の行ったことは間違っており、直ちに占領は停止されなければならないと宣言しました。もちろんこの宣言は彼の独断ではなく、本国イギリスからの指示であり、その背景にはアメリカやフランスの強い抗議があったからとも考えられます。

ハワイ国の独立と自治の復興を公式書類として発布するための行事が行われる事になり、七月三十一日、ホノルルの一角にある広場にカメハメハ三世は騎馬にて現れ、トーマス司令官はハワイの旗を手にして王を待ち受けていました。王も彼に従ってきた者たちも皆、下馬して、司令官から手渡された旗を受け取り、同時に祝砲が打ち鳴らされました。それまで掲げられていた英国国旗は降ろされ代わりにハワイの国旗が翻りました。続いて湾内の多くの戦艦から祝砲が続けて打ち鳴らされ、ハワイはハワイの人々の元に戻されたのです。その日の午後、王は人々と共にカワイアハオ教会に赴き感謝の言葉を捧げました。その時、彼が思いを込めて述べた言葉、「この地の命は正義に基づいてこそ不滅である」(Ua Mau ke Ea o ka Aina i ka Pono) は今もなおハワイ州のモットーとして使われています。そして、その後、この歴史上重要な意味をもつ広場は、ハワイで最初の公園として、一八五〇年にトーマス・スクエアと命名されて市民の憩いの場となりました。二〇一八年には整備された公園に、カメハメハ三世の銅像も建て

Seal of the State of Hawaii bearing the motto

ハワイ州の紋章。モットーが書かれている

られ、ハワイの人々の憩う様子を見守っていいます。公園はウォード・アベニューとキング・ストリートの角にあり、ダウン・タウンから車で約五分の所です。

一八四五年、多くの外国船がホノルル港へ寄港し、ホノルルの街は人口も増加して商業も活発になってきていました。その状況の重要性に気が付いた王は、首都をラハイナからホノルルへ移す事にします。彼の新しい邸宅は、一八四四年にオアフ島知事、ケクアナオアの建てた「ハレ・アリイ（首長の家）」と呼ばれる家で、現在イオラニ宮殿の建っている場所にありました。

そして、ホノルルへ移ってすぐに彼が直

ハレ・アリイ宮殿
（ハワイ州古文書館）

面したのは、外国人実業家たちの、土地の所有権を認めてほしいという強い要求でした。彼らにとって土地は生活の基盤であり、また土地を所有することは事業を起こす上で必要かつ不可欠なことでした。西洋的な考えでは当たり前の事でしたが、ハワイ人には考えの及ばない事でした。ハワイ人にとって土地は神が所有する物で、王も首長もその管理を任されているに過ぎないと考えていました。自分たちはただそこで生活させてもらっているだけだと。そして、自分たちは土地から得たものを食し、いくらかを首長にお礼として奉納する。そうやって、ずっと昔から暮らしてきたのであって、土地を「所有」するという事は何のことなのか理解することはできませんでした。

王も首長たちも、ハワイの土地が外国人の手に渡るのを阻止しようとしましたが、彼らの強い要求を拒むことはできませんでした。やむなく一八四五年に王は五人のメンバーからなる「土地委員会」を創設して、この問題の解決に当たらせる事にしました。一八四八年一月二十七日、「土地委員会」の起草した「グレート・マヘレ」と呼ばれる法律が王の承認を得て成立しました。「グレート・マヘレ」とは「偉大なる土地の分配」というような意味ですが、つまりは、西洋的な考えに基づいた、土地の所有を認める法律です。それによって、ハワイの土地は均等に三分割され、三分の一が王も含めた首長たちの土地、次の三分の一が政府の土地、残りの三分の一がハワイ一般人の土地となりました。その後、三月に王は自分に割り当てられた土地を王の土地と首長の土地に分割しました。王の土地は「君主の土地」、首長の土地は「コノヒキ（首長）の土地」として「マヘレ台帳」に記載されました。六週間後に、王は「君主の土地」を分割し、首長と国民の為にとして、三十七パーセントを政府の土地、四十パーセントをコノヒキの土地とし、わずか二十三パーセントだけを「君主の土地」としたのです。これをもって、「グレート・マヘレ」は一応終止符が打たれ、この時記載された土地の所有者の記録が、今日のハワイにおける土地所有者の基盤になっています。

けれども、外国人が自分たちの欲するものを手に入れるのに長い時間は必要ではありませんでした。一八五〇年七月十日に制定された「居住外国人法」によって、外国人でも土地を購入して所有者となれる「単純不動産権」が認められるようになったのです。こうして、外国人でも、今までは借入地でしかなかったハワイの土地を、自分たちの所有とし、その土地を自分たちの子供たち、孫たちに相続させることができるようになったのです。そして一ヶ月後の八月には、一般のハワイ人も土地を所有することができる「クリアナ法」が制定されました。「クリアナ」とは、ハワイ語で「責任、管轄」といった意味です。しかし、土地の所有という観念の無かったハワイ人は所有の為に必要な手続きを取らなかったのです。所有の為には、まず土地を測定する必要がありました。そして所有地のサイズと境界線を記したものを「土地委員会」に提出して、自分がここに住む権利があるという事を証明しなければなりません。けれども、残念な事に、ほとんどのハワイ人はこのような法律が出来た事も知りませんでしたし、また、知っていたとしても、測量の為に支払うお金も持ち合わせていませんでした。こうして一八五四年の申請の締め切り期限がきた時、土地所有権を認められた一般ハワイ人はたったの九千三百三十七人でしかありませんでした。そして、彼らが手に入れたのは、ハワイのたったの一パーセントに満たない土地だけだったのです。その少ない土地さえも、後に、そこに居住していない、土地税を払わなかったなどの理由で所有権を失い、多くの部分が外国人の手に渡る事になりました。こうして「偉大なる土地の分配」は「不公平なる分配」となって終わったのです。

一八五二年に新しい憲法が定められました。この憲法は王の権力を制限し、より強い権限を政府に与えるものでした。けれども、王の失望はこの事だけにとどまりませんでした。それは、急激に減少していくハワイ人の数の事でした。王が王位に就いた一八二五年には約十五万人いたハワイ人は、この頃には十万人を切るまでになっていました。王自身も一八三七年に結婚したカラマ王妃との間に二人の子供を授かったのですが、二人とも生まれてすぐに亡くなってしまいました。事態をさらに悪化させたのは、天然痘の流行でした。オアフ島で発生した天然痘はあっという間に広がり、王の検疫強化や、病人の隔離の努力にもかかわらず、二千五百人のハワイ人が病死しました。一八五四年にはハワイ人の数は七万人余りとなり、反対に外国人の数は増加する一方でした。その上、アメリカと併合しようという意見も聞かれるようになり、ハワイ王国とその国民を守りたい王は、その間にあって、苦悩の内に体調を崩し、一年間の闘病の後、一八五四年十二月十六日、遂に帰らぬ人となりました。四十一歳の短い波乱に満ちた人生でした。

6

エマ王妃とクイーンズ病院
―ハワイ人を病気から守るために―

カメハメハ三世がその波乱に満ちた四十一歳の人生に幕を閉じると、直ちに王の甥で養子であるアレキサンダー・リホリホが王位に就きました。

彼の父はマタイオ・ケクアナオで、母はカメハメハ一世の娘のキナウです。キナウはカメハメハ二世の異母妹、カメハメハ三世の異母姉になります。次代の王となる為に、彼はカメハメ

現在のクイーンズ病院

(著者撮影)

ハ三世の養子になっていたのです。彼は一八三四年二月九日生まれなので、王位を継いだ時はわずかまだ二十歳でしかありませんでした。けれども、彼は「ローヤル学校」（この学校はアメリカ、コネティカット州出身のアーモス・クック夫妻がハワイ人の首長の子供たちに高い教育を授けようとして設立したもので、キリスト教の主旨に基づいて、英語の読み書き、文法、スペリング、そして数学などが教えられていました）で教育を受けた、知的でハワイ人としての誇り高き若者でした。彼の目標とするところは、もちろんハワイ王国の独立を守ることでしたが、その思考の指標は英国にありました。何故なら英国は王国であったからというだけではなく、彼にはアメリカで受けた苦い経験があったからです。まだ王位に就く前の一八四九年に、彼は兄のロットと共にジャッド公使に伴われてアメリカとヨーロッパを旅行したことがありました。自国以外の国々を見て回り、見識を広める為でした。彼らがニューヨークに到着し

カメハメハ四世
（ハワイ州古文書館）

て、列車に乗ろうとした時のことです。車掌が彼に向かって実に無礼な言葉を投げつけたのです。それは彼の肌の色が白くなかったからでした。当時のニューヨークでは未だ白人と有色人種との差別は歴然とあり、彼は有色人種とみなされたのです。ハワイ王族として高い誇りを持つ彼にとって、それは許し難いものでした。帰国後も彼は決してこの事を忘れず、以前にもまして幅を利かせて態度の大きくなってきているアメリカ人実業家たちにも、反感を募らせていきました。

しかしながら、当面第一の懸案は減り続けるハワイ人の人口をどうやって食い止めるかという事でした。前にも述べましたように、キャプテン・クックがハワイを発見した当時は三十万人いたと言われるハワイ人が、一八五〇年代には七万人を切るまでになっていました。一八五五年に彼は議会で演説し、「今何を差し置いても、第一にしなければならないのは、我らの人口減少を食い止めることである」と訴えました。一八五六年に結婚した幼馴染のエマ・ナエア・ルークも、真剣にこの問題に取り組み、ハワイ人のための病院を建てることを考えていました。

ちなみに、エマはカメハメハ一世の片腕ともいえるアドバイザーであった元英国人船員ジョン・ヤングの孫で、母、ファニー・カケラオカラニがヤングの娘になります。ジョン・ヤングの妻で、祖母のカオアナエハの父、カリマイカイがカメハメハ一世の弟になります。つまり、彼女にはカメハメハ王家の血が流れているのです。彼女は母方の叔母、グレース・カマイクイ・ヤング・ルークとトーマス・ルーク医師の養女となり、ヴィクトリア王朝風の教育を受けて育ちます。養父のトーマス・ルークは英国人の医師で、カメハメハ三世の主治医でもありました。養母のグレースも父のジョン・ヤングから英語と英国の慣習を学んでいました。二人の間には子供が出来ず、妹のファニー・カケラオカラニに子供が生まれたら養女として貰うことを約束していたのです。こうして、エマは生まれてすぐにルーク夫妻の養女となりました。ルーク夫妻の家は木造の広々とした邸宅で、ホノルルのダウン・タウンにありました。五歳で「ローヤル学校」へ入る頃には、彼女は養父から英語と英国の慣習を学び、養母からはハワイ語とハワイの伝統を学びました。そして、彼女が学校で学んだのは西洋の知識とキリスト教の教えでした。彼女は真摯に全ての教えを受け入れ、教養のある、洗練されて、落ち着いた大人へと成長していきました。彼女は本当の意味のアングロ・ポリネシア人でした。

さて、病院建設の話に戻りますが、実は、病院を建てることに乗り気でない、古い考えのハワイ人たちも多かったのです。彼らの反対もあって、計画はなかなか進まず、議会からの資金援助もなかなか受けられませんでした。一八五八年になってエマの父親が亡くなり、エマはその遺産をすべて病院建設の為に寄付する事にしたのです。翌年には、医師を中心に「病院建設資金委員会」が作られました。エマと国王は自分たちの夢の実現のために、私財を寄付しただけでなく、自ら募金集めにも奔走し、僅か一ヶ月余りで、一万三千ドル以上を集める事に成功したのです。議会から承認された六千ドルを加えて、一八六〇年、キング街近くにあった大きく風通しの良い建物が病院として使われることになりました。これが現在のクイーンズ病院の始まりです。

エマ王妃

（ハワイ州古文書館）

　こうしてハワイ人を病気から救い、その人口減少を食い止めようと、ひたむきな努力を続けていた国王夫妻に、突然の悲劇が訪れようとは何人《なんぴと》も考えの及ばない事でした。二人の間には一八五八年に一人息子のアルバートが生まれていました。母親のエマはハワイ人とイギリス人の混血でしたが、彼女はカメハメハ王族の血筋も受け継いでいたので、アルバート王子はいまやカメハメハ一世の血筋を受け継ぐ唯一の後継者であったのです。

残された肖像画でも分かるように、アルバート王子はとても可愛らしく、ふっと抱きしめたくなるような愛らしさに満ちていました。彼は「ハワイのプリンス」と呼ばれて、あらゆる人々から可愛がられて育ちました。もちろん両親は目に入れてもいたくないほどの可愛がりようであった事は言うに及びません。アルバートという名前は英国のヴィクトリア女王が名付け親になってつけてくれたものでした。国王夫妻は、より英国との親密な関係を築くために、英国国教の教会をハワイに建てるための土地を寄付し、英国からトーマス・スタンレー牧師を迎えて王子の洗礼を授かる予定になっていました。そしてスタンレー牧師は一八六二年の八月に英国を出発、ハワイ

アルバート王子
（ハワイ州古文書館）

へ向かっているところでした。

さて、ここで時を少し戻して、ある事件のお話をしなくてはなりません。それは、一八五九年の九月の事でした。リホリホ王は家族と共にマウイ島のラハイナで休暇を過ごしていました。王は教育もあり優しい人格ではあったのですが、いささかすぐにかっとなるという欠点がありました。そして彼には最近思い悩んでいる事がありました。それは自分の秘書で友人でもあるアメリカ人のニールソンが妻のエマに言い寄っているのではないかという噂でした。ある夜、王はニールソンを呼び出して問い詰めたのです。

「お前が私の妻に必要以上に親しくしているというのは本当か？」

「とんでもありません。どうして私がエマに必要以上に親しくしたりするでしょうか」

「何でエマなどと気安く呼ぶのか」

「今までだって、そう呼んでいたではありませんか」

「言い訳するところが怪しいのだ！」

「それはあなたの邪推というものです！」

「王に向かって邪推とはなんだ！」

「邪推だから、邪推だと言ったのです！」

「何だと！　黙れ、黙れ！　お前なんか殺してやる！」

バーン！　王は自分でも気づかぬうちに銃を手にしていたのです。気が付いた時は、すでに引き金を引いた後でした。弾はニールソンに命中し、彼はその場に崩れ落ちてしまいました。幸いこの時は命をとりとめましたが、ニールソンの傷は深く、ホノルルの病院で手当てを受ける事になりました。王は自分の犯した事の重大さに気づき、ニールソンの回復の為に手を尽くしました。しかし看護の甲斐なく、ニールソンは二年半の後に、傷が原因で亡くなってしまったのです。後悔の思いに沈んでいる王を、数ヶ月後に襲ったのは、更なる悲劇でした。なによりも大切にしていた、かけがえのないアルバート王子が、ある日、突然高熱を発し、手を施す間も無く、一八六二年八月二十七日、わずか四歳と三ヶ月の命を落としたのです。これほど人々を驚かせ、嘆き悲しませた死はありませんでした。あんなにも可愛らしく、喜びにあふれていたアルバート王子が、何故こんなにも突然亡くなってしまうのか。何故なのか？　人々は悲しみにくれました。しかし、一番の打撃を受けたのは王でした。彼は、ニールソンが死んだのは自分のせいだと責め続けていたので、王子の死は神が自分に与えた罰だと受け止めたのです。

「これは全て自分のせいだ。全て自分が悪いのだ」

王は自分を責めて、責めて、責め抜いて、絶望の淵に沈み、とうとう立ち直ることができず、翌年の十一月に二十九歳の若さでこの世を去ってしまいました。

さて、ここで一つ寄り道したい場所があります。それは、「エマ王妃の夏の離宮」です。今もなおヌウアヌの谷間に残るこの建物は、宮殿というほど大きな建物ではありませんが、エマ王妃が叔父のジョン・ヤング二世から譲り受けたもので、初めは二十六平方キロもある広大な土地に建っていました（現在は八平方キロに縮小されています）。一八四七年に建設され、タロイモ畑、茶畑、二つの人工的に作られた小川等に囲まれていました。建物は居住スペースの他に、馬小屋、調理場、従業員の住居等が隣接していました。庭園にはスパイダーリリー、オーキッド、バラ等の花々が咲き誇り、周りにはククイ、マンゴー、バクラン、オヒア・レフアといったハワイ固有の木々が植えられています。エマ王妃はこの離宮で、夫のカメハメハ四世と息子のアルバート王子と共に、ホノルルの酷暑を避けて夏の間過ごしたのです。しかし、一八八五年に彼女が亡くなると、建物は放置され、荒れるままになりました。一九一五年に、ここに野球場を作ろうという計画が持ち上がり、建物は打ち壊される事になりました。これを聞いた「ハワイの娘たち」という非営利団体が建物を取得して、保存する事を申し出たのです。ハワイ政府はこの団体が建物を管理して、歴史記念館として維持することを条件に保存を許可しました。現在この離宮にはエマ王妃の持ち物、骨董品、家具、鳥の羽根で作られたケープ等が展示されています。是非、訪れて昔日の王妃様とその家族の暮らしに思いを馳せてみてはいかがでしょうか。

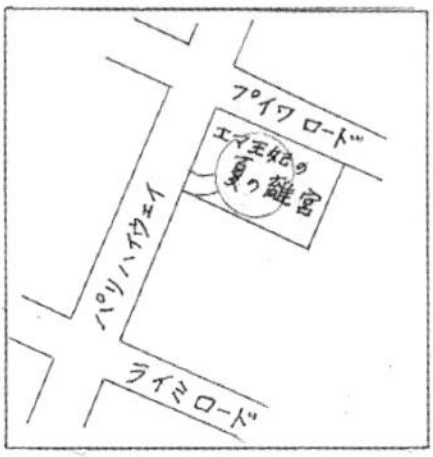

エマ王妃の夏の離宮

（著者撮影）

Queen Emma Summer Palace
2913 Pali Highway, Honolulu, Hawaii
Phone: 808-595-3167

7

砂糖産業の発展と労働者不足

―日本人最初の出稼ぎ労働者「元年者」―

突然のカメハメハ四世の死を受けて王位に就いたのは兄のロット・カメハメハでした。実はロットは弟のリホリホ（カメハメハ四世）より四歳年上でしたが、カメハメハ三世の後継者として選ばれなかったのは、彼は子供の時から、弟に有能さにおいて劣ると思われていたからです。それは彼の見た目が少し劣るというだけでなく、いつもむっつりして、口数も少なく、憂鬱そうに見えたからでした。ところが、王位に就いた彼は、周りの思惑とは全く違う、強い信念とハワイ人としての誇りを持った性格で

砂糖耕地で働く労働者

（ハワイ州古文書館）

あることが分かったのです。王位に就いて彼が最初に始めたことは、一八五二年に作られた憲法を改正することでした。それは今まで古いしきたりによって行われてきたクヒナ・ヌイ（権力のある保護責任者）の地位を排除し、王の権限を強めることでした。彼はハワイ人と強い権限を持った国王が一体となって国作りをしなければ、ハワイ王国を持続させることはできないと考えたのです。彼は、又、選挙権は教育を受けて読み書き等の基本的能力があり、なおかつ土地を所有している者のみに限るとしました。一八六四年の七月に、彼は議会を招集して新しい憲法の承認を求めました。しかし、議会の代表者の間では激しい議論がかわされ、なかなか結論を出すことができなかったのです。とうとう堪忍袋の緒が切れた王は議会を解散し、この憲法がこれからこの国を治める法律であると強く宣言したのでした。

こうして強力な王権を手に入れたカメハメハ五世ではありましたが、事態はそう簡単には運びませんでした。彼がまず直面したのは、頼みとするハワイ人の減少が止まらないことでした。

カメハメハ五世

（ハワイ州古文書館）

キャプテン・クックが最初にハワイに持ち込んだ病原菌はその後も引き続き多くの外国人によってもたらされ、彼の治世の頃にはハワイ人の人口は六万人を切るまでになっていました。

この頃、ハワイでは隆盛を極めた捕鯨船の寄港が減少し、それに代わって砂糖産業が台頭しつつありました。一八三五年に二人の若いアメリカ人青年によって、カウアイ島に開かれた砂糖耕地における砂糖黍の栽培と、それを粗糖としてアメリカへ輸出するという砂糖産業が盛んになってきていたのです。ハワイは砂糖の生育に適した気候でもあり、砂糖耕地の数は破竹の勢いで増え続けていきました。また一八六〇年に始まった南北戦争の影響で、南部からの砂糖の輸入が途切れたアメリカ北部では、ハワイからの砂糖の需要が急激に伸びていたのです。そしてこの時期に砂糖産業に参入することで、後に、主にアメリカ人実業家たちによって設立された、「ビッグ・ファイブ」と呼ばれる五大会社の基礎作りが始まりました。

ところが、ここに困った問題が持ち上がったのです。砂糖耕地での仕事は、砂糖黍を育て、それを刈り取って工場へ運び、粗糖にするというものですが、これらの仕事ができる労働者が、全く不足していたのです。数の減ってしまったハワイ人はと言えば、いずれにせよ、こうした農耕の仕事には向いておらず、頼みにはなりませんでした。そこで砂糖耕主たちが考えたのは外国から労働者を雇い入れるという事でした。彼らは国王と議会に働きかけ、労働者の輸入を差し迫った問題として訴えました。確かに、国の収入にもなる唯一の産業とも言える砂糖産業を支援することは火急の課題でした。初めに目を向けられたのは中国人でした。カメハメハ三世時代の一八五二年に契約が成立し、まず一月に百五十二名の中国人が、続いて八月にも百数名が砂糖耕地の労働者としてやってきました。彼らの契約は五年間、一ヶ月三ドルの給料、ただし食費、衣料、住居は無料で提供するというものでした。中国人は良く働き歓迎されたのですが、彼らの多くは五年の契約が終わると、すぐ帰国するか、又は、ホノルルなどの市中に移って商売を始めるなどして、多くは砂糖耕地には残らなかったのです。その為、労働者不足は解消せず、他の国に目を向けなければなりませんでした。そして、次に考えられたのが日本人だったのです。

実はハワイと日本人の出会いは少し遡ることになります。と言うのは、ハワイにはそれまでも何人かの日本人の漂流民が辿り着いていたからです。はっきりした記録があるのは、一八三九年の長者丸の次郎吉です。そして、一八四一年には有名なジョン万次郎です。当時十四歳の万次郎は、この年の一月に、船頭の筆之丞（後に伝蔵と改名）、重助、五右衛門、寅衛門とともに、小さな漁船で土佐の宇佐浦から漁に出たのですが、悪天候に見舞われ、難破、鳥島に漂着します。運よく五日後にアメリカの捕鯨船ジョン・ホーランド号に救助され、アメリカ本土へ向かう事になり、途中ハワイに寄港します。この時、万次郎以外の四人はハワイに上陸します。後に万次郎が日本に帰国を企て、再びハワイを訪れた時に、伝蔵、五右衛門、寅衛門と再会しますが、重助は既に死亡して、カネオへのお墓に葬られていました。そして、寅衛門は現地妻を得て、大工として生活していました。彼が日本人移民の第一号というわけです。このようにして、ハワイと接触のあった日本人は真面目で、勤勉という印象を持たれ、砂糖耕地の労働者に適していると思われたのです。

すでにカメハメハ四世は日本と「修好通商条約」を結びたいとの意向を、一八六〇年に米国へ通商条約の批准に向かう途中のポーハタン号が寄港した折に申し出ていました。ついでながら、この時護衛艦としてポーハタン号と共に航海していた咸臨丸にはジョン万次郎が通訳として乗船していました。しかしながらハワイと日本の「修好通商条約」の締結は、ハワイの外相ワイリーの粘り強い交渉にもかかわらず、すぐに締結という事には至りませんでした。なにしろこの頃の日本は、「桜田門外の変」で井伊直弼が暗殺された事に始まり、攘夷運動が巻き起こっていたからです。しかしながら、条約の締結もさることながら、ハワイでは砂糖耕地への労働者の補充が先決問題でした。その交渉の為に一八六五年四月に神奈川に居住のアメリカ人ユージン・ヴァン・リードが駐神奈川ハワイ王国総領事に任命される運びとなりました。

ここで少しこのヴァン・リード氏について説明したいと思います。彼はサンフランシスコで商社に勤めていた時、ジョセフ彦と知り合い、日本に興味を持ち、是非日本へ行って貿易の仕事をしたいと考えました。彼はジョセフ彦から日本語を教わり、機会を窺っていましたが、日本へ帰国するために出発したジョセフ彦とハワイで再会し、二人は香港経由で、一八五九年に日本へ入国することができました。彼は神奈川駐在アメリカ領事

ユージン・ヴァン・リードとジョセフ彦（浜田彦蔵）
（兵庫県播磨町郷土資料館）

ドールの書記官という名目を得ていました。その後、書記官の職を辞し、彼は商売に専念し、蒸気船の賃貸契約などの仕事にかかわりました。その頃、彼は、ハワイ外相ワイリーの友人であったクライダーという人物に出会い、彼の推薦もあって、一八六五年に日本駐在のハワイ総領事に任命されたのでした。総領事になったヴァン・リードは、まずハワイと日本の「修好通商条約」を結ぶ事に多大な尽力をすべく、米国の駐日公使ヴァン・ヴォルケンバーグにも協力を依頼しました。けれども、この頃、徳川幕府は大変な時期にあり、一八六六年八月には将軍家茂が死去、徳川慶喜が次代将軍となり、翌、一八六七年十月には大政奉還が決まり、一八六八年一月には鳥羽伏見の戦い、戊辰戦争が始まり、幕府とハワイ王国の「修好通商条約」締結は宙に浮いてしまいました。

それでもヴァン・リードは諦めず、ともかく、ハワイが必要としている砂糖耕地への労働者を送り出そうと、計画を進めることにしたのです。一八六八年四月には、横浜末広町の半兵衛に指示してハワイ行きの労働者の募集に乗り出しました。契約内容は月給四ドル、契約期間三年、住居、食費、医療費はハワイ側の雇い主が持つというものでした。そして三百五十人分の海外渡航印章（旅券）を申請し、神奈川奉行所より支給されました。ところが、ここからが実にややこしい事になったのです。ヴァン・リードはハワイから送られてきた資金が少ないことが分かり、三百五十人を乗せる船を契約することはできないと考え、小さい船のリサイト号を当たりました。すると百八十人しか収容できないという事が分かり、一応三百五十人分の海外渡航印章を返却して、改めて五月四日に百八十人分の印章を受け取りました。それなのにすぐその後、やはり大型船で三百五十人送ろうと考えなおし、英国船サイオト号と契約をし直します。その契約費用は八千ドルと言われ、この金額は三百五十人を送る事によって賄える計算でした。そして先に返却した百七十人分の印章の再発行を申請する傍ら、既に集めてあった百八十人をサイオト号に乗り込ませました。

ところがです。五月九日になって、神奈川奉行所は神奈川裁判所と改称、明治政府の役人たちが赴き、これまでの神奈川における幕府の外交事務を接収してしまったのです。この役人の中には、ヴァン・リードがかつて英国船から救出した寺島宗則も含まれていました。ヴァン・リードは寺島を友人と考えていたので、幕府発行の印章を返却しても、すぐに新政府から新しい旅券が貰えると考えたのです。しかし寺島を含む新政府の考えは違っていました。ヴァン・リードからの再三の依頼にもかかわらず、新しい旅券は発行されませんでした。そればかりか、半兵衛を使って、すでに乗船している者を下船させる事さえ画策されていたのです。五月十三日、ヴァン・リードは寺島に会い、事態の進展をはかったのですが、この時、寺島はヴァン・リードに旅券拒否の事は伝えなかったのです。しかし、十五日になって、ようやくヴァン・リードは新政府の意図に気づき、もし旅券を発行しないなら、今までの費用を日本政府に支払ってほしいと強硬に要求しました。しかしそれに対する新政府の返答は「ハワイは未条約国なので、日本人をハワイに送ることはできない。また旧政府（徳川幕府）の発行した渡航印章は旧政府限りのもので、これを引き続き認めることはできない」というものでした。

ヴァン・リードはサイオト号にすでに乗船しているリーガン船長からの督促と船を降りる者の続出もあり早急な決断を迫られました。五月十六日、彼は最後通告ともいうべき書簡を寺島に宛てて送り付けました。一方、サイオト号のリーガン船長は横浜の運上所（税関）で全く問題なく出航許可を取り（というのも、こちらはまだ新政府に接収されていなかったからです）、出航許可証を在神奈川英国領事館に提示して、必要な書類を得ていました。そして十七日の朝、ヴァン・リードは寺島から何らかの回答があるかもしれないと待っていたのですが、それも無駄であったと分かり、ついに一八六八（慶応四）年四月二十五日、彼は船長に出航指示を与えたのでした。十分な食料も積み込んであり、準備も整っていたサイオト号は、同日午後二時に何らの妨害も受けずに出航しました。乗り組んだ日本人は結局百四十一人になり、他の乗船者は船長ウィリアム・リーガン以下十数名の乗務員とデヴィッド・リー医師等でありました。ところが出航して間もなく九人の密航者が発見され、日本人は全部で百五十人となったのでした。

さて、この時のハワイへの初めての日本人、所謂出稼ぎ人は、後に「元年者」と呼ばれるようになるのですが、彼らの名前はハワイ州古文書館に保存されている「元年者」の名前のリストや、外務省に保存されている寺島からの報告書などによって知ることができます。名前はすべて姓は無く名だけが記されています。

さて、噂されていた引き戻しの船の追跡もなく、サイオト号は横浜港を出港しました。翌日、黒潮の流れに乗る辺りで、暴風雨に見舞われます。僅か八百トンの帆船は木の葉のように、上へ下へと揺さぶられ、さすがに血気盛んな若者たちも蒼白な面持ちとなり、まして、五人の女性たちは生きた心地もなく、ただぐったりと横たわっているばかりでした。その中でも妊娠中の金太郎の妻トミと茂七の

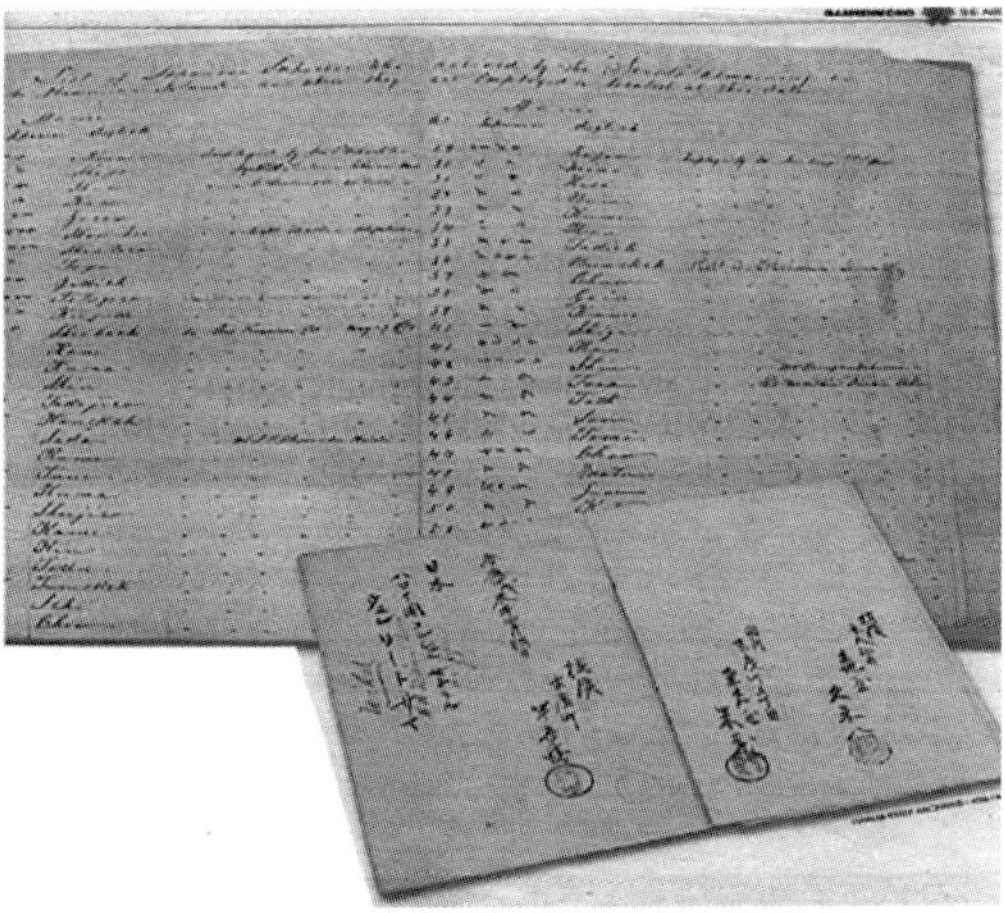

元年者の名前のリストと半兵衛がヴァン・リードに差し出した「雇百姓及人足約定書」の一部
（ハワイ州古文書館）

妻ハルは激しい嘔吐を繰り返し、苦しみながら、ただただ念仏を唱えるのでした。しかし、五日後には風雨はおさまり、皆落ち着きを取り戻し、これも神仏のご加護のお陰であったと言い合い、天竺（ハワイの事）に着いたら、もう神仏のご加護は受けられないのだから、今の内に丁髷を切り落として感謝の意を伝えようと話し合い、かなりの未練はあったものも、ばっさりと丁髷を切り落としたのです（この時決心のつかなかった米松と鉄五郎もハワイ上陸間際になってやっと丁髷を切り落としました）。実はこのサイオト号の航海の様子は、（佐久間）米吉がつけていた「航海日誌」が後年『布哇群島誌』に掲載された事によって、簡略ながら毎日の天気、波の様子、出来事などが窺えます。「波静かにして穏やかに御座候」といったような記述が多いのですが、十一日目は「朝より曇。十時ごろより雨降る。大風に相成候、又々心配仕候。厳重の煙草を飲み、長吉は手錠を嵌められ候。」（火災予防の為、船内での喫煙は厳禁であった）。揉め事もかなりあったようで、十二日目「（前略）殊の外寒し。今日コック南京（中国人の事）に間違い、南京は出刃包丁を持ち出し、殺すとて立ち上がり、元締め富三郎様より仲裁相成り、取沈め申候。」とかなり不穏な様子が書かれています。二十一日目の記述に、「正順風。今朝明け方、四番組世話役和吉と申す者一名相果て申候。船帆包にして水中に投げ込み候。」と書かれていて、和吉が亡くなった事が記されています。二十七日目になると「今以て島山のやうなるものは相見え申さず候」と長旅に疲労感がにじんできます。その後、病気になるものもあって、不安感の広まる中、三十二日目になってやっと島影が見えてきたのです。元気づいた全員は下船の支度を始めます。そして、待ちに待った六月十九日、布哇国《ハワイこく》ホノルルへ到着しました。翌日、小舟に乗って上陸した彼らは、「早速上陸、見物致し候。」となるのです。ハワイ側も彼らを歓迎し、ハワイアン・ガゼット紙によると、「上陸を許可された日本人たちは、あまり外国に行ったことがないらしく珍しそうに歩き回っていた。アロハという言葉を覚え、アロハ、アロハとしきりに挨拶をしていた。彼らは粗末な服装で体裁が悪いのにもかかわらず、少しも気にしていない。ハワイ人や白人からも好意を持って迎えられ、将来ハワイにとって有用な労働者になるだろうと期待されている。」と記されています。

そして数日間の休暇の後、彼らは数人の家事手伝いとなった者をのぞいて、それぞれの砂糖耕地へと配属されて行きました。ところが二、三ヶ月もすると彼らの間から不平不満が続出しだしたのです。というのも彼らの殆どが農業に従事したことのない者たちで、ハワイに行けば金が儲かると聞いて、あまり深く考えもせずにやってきた無宿者とか、失業した下級武士、左官、大工、商人等であったからです。彼らの多くは十時間に及ぶ炎天下での砂糖耕地の作業に耐えることができませんでした。また怠けていると、ルナと呼ばれる監督官に鞭で叩かれるなどの酷い仕打ちも受けました。そして、少しくらいの病気では休むこともできず、支給される食べ物は粗末で、結局高価な食料を買い足さなければならなかったのです。こういった不満を、言葉が通じないこともあって、訴えることもできず、なかには反抗的な態度をとる者もあり、又病死したり、自殺する者さえ出てきたのです。こうした窮状を移民頭（実際は出稼ぎ人であるが移民という言葉が使われた）の牧野富三郎が日本へ度々書き送り、又、サンフランシスコで発行された新聞に「ハワイで日本人が虐待されている」という記事が載った為に、明治政府は日本の面目にかけてもハワイの日本人移民を取り戻そうと決断します。翌、一八六九年、ハワイ王国と交渉するための使節が送られることになりました。選ばれたのは上野敬助正使と三輪甫一副使でした。横浜を十月に出航、翌十一月にサンフランシスコに到着。日本領事ブルックスとハワイ領事シヴィアランスに会いハワイに向かう上でのいろいろなアドバイスを受けました。ブルックスから駐ハワイ米公使ピアースへの紹介状も貰い、ようやく十二月も末になって彼らはホノルルに到着しました。翌日、上野はピアースを訪れ、ハワイ来訪の目的を説明し協力を求めました。そして彼の案内で、ハワイ王国外相ハリスに会見したのです。この後、交渉は書面で行う事になり米公使館付きの書記官フーパー大佐が日本側提出の英文文書の添削校正に当たることになりました。日本側の要求は、とにかくヴァン・リードに騙された形で違法に日本を出国した日本人全員を帰国させることで、この点を上野は強硬に申し入れました。しかし、ハワイ側としては自国の領事として指名したヴァン・リードが違法な事をしたとすぐに認めるわけにはいかず、第一、百五十人の労働者が帰国してしまえば非常に困る事態になるし、これまで呼び寄せに費やした出費をどうするのかという問題もあったのです。そこで上野は富三郎をとおして出稼ぎ人たちの意向を調べさせました。その折、命令に従って帰国しなければ、日本国籍を剥奪するという脅しに近いことまで言ったのですが、結果として帰国することに同意したのはわずか四十名でしかありませんでした。上野も実際に砂糖耕地を視察してみて気が付いたのですが、状況は聞いていたほど酷いものではありませんでした。その為、彼はハワイ政府と交渉して、残りの者が契約満了後に帰国する時は、その費用はハワイ政府持ちとし、今後の労働条件の改善、給料の引き上げ、酷使、鞭打ちの禁止などを約束させました。この時の出稼ぎ人のグループを後に「元年者」と言うようになるのですが、実は、彼らは上野特使が来るまで、日本の年号が「明治」にかわった事を知りませんでした。彼らが日本を出た四月はまだ慶応四年でしたから。とにかく、この件には一応の終止符が打たれましたが、以後日本政府はハワイへの出稼ぎを禁じ、その再開は十七年後の一八八五年まで待たねばなりませんでした。

ここで少し、元年者の中で三年の契約労働の後もハワイに残った者で、特記される人たちについて書いておきましょう。移民頭の牧野富三郎は、後、サンフランシスコに渡り代書屋をしていたと言われていますが、詳細は分かりません。「航海日誌」を書いた佐久間米吉はハワイ人の女性と結婚、二男一女をもうけますが、死別し、後妻に広島県出身の日本人女性と結婚、一男一女を授かります。ハワイに永住し、第二次世界大戦中に、孫の一人が日系人部隊の四四二連隊の志願兵となり、フランス戦線で戦死します。桑田松五郎もハワイ人の女性と結婚。仕立ての技術を活かして、後に、洋服屋を開業。妻と子供たちに囲まれて穏やかに暮らし

桑田松五郎の家族
（ルース・フジモト記念資料館所蔵）

ました。長い髭を生やした彼と彼の家族の写真が残っています。

密航した十三歳の石村市五郎は船中で博打を覚え、ハワイ到着後、コウラウ耕地へ配属され、後、ハイク耕地に移ったのですが、ここで仕事中に足に大怪我をし、耕地の重労働には耐えられなくなり、白人の家に住み込んで、中国人のコックの助手として働く事になります。この時に料理の仕方を見よう見まねで覚え、英語やハワイ語も話せるようになりました。その後、ホノルルに出てウェイターの仕事につき、給料も良かったのですが、酒を飲むことを覚えた為に、毎晩のように酒場に入り浸り、博打と喧嘩に明け暮れて、ついには「まむしの市」と呼ばれて敬遠されるようになってしまいました。

こんな彼を救ったのは初代ホノルル総領事の安藤太郎と美山貫一牧師でした。安藤太郎は一八四六年、鳥羽藩医、安藤文沢の子として江戸四谷に生まれました。後、横浜英学所にて、アメリカ人の宣教師等から英語を学び、戊辰戦争では旧幕府軍の海軍二等見習士官として戦います。函館戦争では榎本武揚と共に回天丸に乗船し、宮古湾海戦で負傷します。そして五稜郭の戦いで敗れ投降し、一年間の禁固刑に処せられます。しかし、その後、語学力を買われ、明治政府の外務省翻訳官となります。一八七一年には、岩倉使節団の四等書記通訳官としてアメリカをはじめヨーロッパ各国を歴訪、シンガポール、香港なども訪れました。帰国後、香港領事となります。

ハワイ総領事としてホノルルに着任したのは、一八八六年の事です。着任した安藤は当時日本人が密集して暮らす下町で飲む、打つ、買うの三悪がはびこっていることを憂慮して、何とかその悪弊を改めようと考えていました。しかし、実は当時、安藤自身相当の酒豪で、妻の文子夫人に度々注意されても、なかなか禁酒には至っていませんでした。そんな折、サンフランシスコから赴いた美山貫一牧師がふらりと領事館を訪れたのです。

美山牧師は一八四七年生まれの元長州藩士。兵学校で学びましたが、松下村塾の吉田松陰の影響も強く受けていました。一八七一年、美山家を相続して美山貫一となります。同年、海軍兵学校を受験したのですが、不合格となり、やむを得ず、上京して陸軍省に勤める事にします。四年後、アメリカに渡り、サンフランシスコでハリス牧師に会い、キリスト教の教えに心を動かされ、入信して洗礼を受けたのです。一時帰国したものの、再びアメリカに渡り、そこでハワイの日本人移民が酒と博打に溺れ、社会的にも悪い評判が立っていると聞き、その真偽を確かめる為に、ハワイへやってきたのでした。初め、安藤は「たかが、キリスト教の牧師が」とあまり耳をかさなかったのですが、美山牧師が切々と、如何にして苦しんでいる日本人を助けられるかと説くのに動かされ、「日本人共済会」の設立を援助します。その後も、美山牧師は、ハワイ全島を巡回して、キリスト教の布教と禁酒の勧めを説いてまわりました。安藤総領事も、多くの博徒が美山牧師の話を聞いて賭博を辞め、また酔漢が禁酒を始めるのを見て、これは素晴らしい事だと感心するのでした。そして、こうした人々の変化が、日本人社会の評価を高めることでもありました。ある年の十二月、和歌浦丸が千人余りの移民を乗せて入港した時、ときの逓信大臣榎本武揚と郵船会社社長の森岡氏から、それぞれ一樽ずつの銘酒「灘の生一本」が総領事館に送られてきました。安藤は、滅多にお目にかかれない上等の酒に、大喜びをしました。けれども、文子夫人はこれはまずいと、渋面を隠しませんでした。彼女は夫に向かって、

「この二樽は直ちに捨て去るべきです」

と言い放ちます。

「冗談ではない。恐れ多くも、せっかく送って頂いたものを、飲酒の善悪はともかく、捨て去ることなどできない」

「今は移民に対して禁酒を勧めているというのに、領事館内にこんな大きな酒樽を置いておくことはできません」

長い間言い合いをした後、安藤は用事があって外出したのですが、夫人はその間に、送ってくださった方々には本当に申し訳ないと思いながらも、使用人に命じて二樽の酒を裏の空き地に運ばせ、金槌で酒樽の蓋を打ち壊させ、穴の中に流し入れ、火をつけて燃やしてしまったのです。一時間ほどして帰宅した安藤は事の次第を聞かされ、もはや仕方が無いと諦め、その後、一生禁酒しようと決心したのでした。翌年、「在ハワイ日本人禁酒会」が結成され、会長に安藤が就任しました。

こうした経緯があった後に、市五郎は美山牧師に出会い、彼の説くキリスト教の教えに心を動かされ、真面目に人生を送ろうとすっかり心を入れ替えて、洗礼を受けることにしたのです。その後、彼はコックとして働きながら、ソルト・レイク（塩湖。現在は埋め立てられてゴルフ・コースになっているが、昔は塩水をたたえる湖であった）の経営権を手に入れ、製塩業に手を付けたり、料理を教えたりして、やがて「石村コック学校」を創立しました。そして、十年余りの間に、千人以上の生徒に西洋料理を教えました。生徒たちは、卒業後、多くの者が白人家庭のコックとなって身を立てることができました。市五郎は三回結婚して、四人の子供を残し、一九一八年、東京麻布で死去しました。

もう一人是非お話ししておきたいのは、小沢糸子の事です。彼女は小沢金太郎とトミの長女でハワイ生まれの日本人女性第一号です。金太郎は武州（後の東京）深川の出身、渡航時二十九歳、妻トミは十九歳でした。ハワイ到着後は、砂糖耕地ではなく、白人の家庭に住み込んで料理人として子供を育てました。その為、子供たちは英語に親しむ機会に恵まれたと考えられます。長男の洋太郎はサイオト号の船上で生まれたと言われていますが、佐久間米吉の残した日記にも、リー医師の記録にも書かれていないので、多分生まれたのはハワイ到着後だったと思われます。洋太郎は成人して、ヒロ市で巡査になり、初め日本人女性と結婚しましたが、その後、ハワイ人と白人の混血の女性と結婚しています。体が大きく、大の酒好きで、昼間でも少々ふらついている事があったので、洋太郎《ようたろう》ならず、酔《よい》太郎《たろう》と陰口を叩かれた事もあったようです。けれども日本語、ハワイ語、英語に通じて人当たりが良く、なかなかの人気者だったようです。一八七二年に長女糸子が生まれました。彼女は幼い頃から聡明で言葉もすぐに覚え、十二歳の時には英語、日本語、ハワイ語に通じていたと言われています。学校でも評判の才媛だったようです。後に官約移民招聘の為の会議が行われた時、元年者の吉田勝三郎の証言の通訳を務めて、その流暢さに、皆驚かされたと言われています。中でもアーウィン公使は彼女の素晴らしい才能を認めて、日本に帰国する折に彼女を連れ帰り、自宅に住まわせて教育を受けさせる事にしたほどです。

その後、ハワイに戻った彼女は、一八九四年に開設された日本人幼稚園の先生になり、しばらくして、横浜正金銀行のホノルル支店長今西兼二と結婚して、その後、ニューヨークへ移り住みました。高橋是清（横浜正金銀行本店の第七代頭取）がニューヨークを訪れた際には、その通訳を務めたと言われています。五十三歳で東京の大森で亡くなりました。

ここで、少し蛇足ではあるのですが、横浜正金銀行について説明したいと思います。というのも、この銀行がハワイで成功した最初の日本の銀行だからです。一八五九年に締結された「日米修好通商条約」に基づいて開港された横浜は、江戸に最も近い貿易港であった為、外国商人との金融取引が盛んになっていました。一八七一年には「新貨条例」が制定され、これに基づいて鋳造された一円銀貨が正貨として、海外貿易に使用される事になりました。けれども、一八七七年に勃発した西南戦争の為にインフレが起こり、実際の貨幣価値が不安定になり、安定した正貨を供給する貿易金融機関の必要性が起こりました。そして一八七九年、福沢諭吉と大隈重信の支援の下、「国立銀行条例」に基づいて、横浜正金銀行が設立されたのです。「正金」とは当時の言葉で「現金」の事を言います。翌年、資本金三百万円で営業を開始した横浜正金銀行は、横浜に本店を置き、まもなく外国貿易を専門とする特殊銀行となり、海外へ積極的に視点を広げるようになりました。一八九二

1920年前半頃の横浜正金銀行

（ハワイ州古文書館）

現在の建物

（著者撮影）

年にホノルルのダウン・タウンに開業する前に、出張所を開設して、これがハワイにおける最初の日本人銀行となりました。その後、日本人だけでなくほかの人種の顧客にも対応するようになりましたが、白人用、中国人用、日本人用と、それぞれ別々の窓口を設けていたようです。長い間営業を続けていましたが、太平洋戦争勃発にともない、閉鎖されてしまいました。ただ、銀行のあった建物は、今もダウン・タウンのマーチャント・ストリートとベテル・ストリートの角に現存していて、昔の面影を残して立ち続けています。

8 ビショップ博物館
―パウアヒ王女と夫チャールス・ビショップの愛のメモリー―

ハワイ人の為の、ハワイ王国を目指して、精力的に政治を動かそうとしたカメハメハ五世でしたが、アメリカ合衆国、その他の外国の圧力の強まる中、四十二歳の誕生日を目前に控えて病に倒れてしまいました。症状の悪化する中、次の国王を誰にするのかを迫られた彼は従妹のバーニス・パウアヒを指名しました。彼

ビショップ博物館
（著者撮影）

女はカメハメハ大王の血筋を引く最後の王女でした。でも彼女は国王になる事を拒否したのです。彼は頑固に彼女だけを指名し続け、彼女も頑固に拒み続けました。そして奇しくも、彼は四十二歳の誕生日の、その日に、息を引き取ってしまったのです。そして彼がカメハメハ大王の血筋を引く最後の国王となりました。

さて、空席となった国王の座は早急に満たす必要がありました。次の国王の候補となったのはウィリアム・チャールス・ルナリロとデヴィッド・カラカウアでした。二人ともカメハメハ大王の直系の子孫ではありませんでしたが、王の親族としての高い地位にありました。特にルナリロは、その思いやりのある性格と民衆を重んじる考えで、多くのハワイ人だけでなく外国人居住者からも強く支援されていました。そして議会の選挙の結果も殆ど全会一致でルナリロを次期国王と定めたのです。

多くの民衆の歓呼の声に包まれて、一八七三年一月、カワイアハオ教会で国王となる宣誓を

ルナリロ王
（ハワイ州古文書館）

終えた新国王が、まず直面したのは砂糖の輸出に関するアメリカとの互恵条約の問題でした。日本人労働者が来たことによって、砂糖生産は続けられていましたが、アメリカへの輸出に掛けられる関税のために、利益の少ないものになっていました。アメリカ国内でも砂糖は作られるようになっていたので、ハワイからの砂糖は苦戦を強いられていたのです。その為に、輸入を無税にしてもらうための条約の締結が必要でした。その見返りとして、真珠湾の譲渡を提案しようとしたのですが、議会とハワイ人たちの反対にあって条約の締結には至りませんでした。またこの時点では、アメリカはハワイにそれほど興味を持ってはいなかったのです。

その上、頭の痛いハンセン病の問題も持ち上がってきました。当時この病気とその感染予防の重大さは、人々の間であまり認識されていませんでした。しかし、その重要性に気付いた国王と政府がハンセン病の病人をモロカイ島の収容所に隔離しようとしたことで、多くの家族の恨みを買うことになりました。あの有名なダミエン牧師が、この病人たちを支援するために、ハワイへやってきたのもこの頃でした。

最初にハワイでハンセン病が記録されたのは一八四〇年のことです。恐らくそれ以前の一八三〇年後半には中国人の多く住むダウンタウン地区で患者が出ていたものと思われます。ハンセン病は接触によって感染すると考えられていて、皮膚の剥離、呼吸障害、神経麻痺などを起こすとされています。一八五〇年代になって事態を重視したカメハメハ三世によって保健局が創設され、病気の広まりを阻止し、人々を守るための任務に就くことになりました。一八六一年には各島でハンセン病患者の名前がリストされ、一八六四年に「ハンセン病の拡大を阻止する法」が議会で立案されました。カメハメハ五世の承認を受けて立法化され、保健局は直ちに感染者は申し出るようにとの告知をしました。申し出た者は治療を受けられ、十分な手当が受けられるということでしたが、実際には隔離するために、皆、モロカイ島のはずれにある施設に送られてしまいました。一八六六年一月、最初の十二人が送られたのはカラワオと呼ばれる地区で船によってしか到達できない所でした。彼らが数着の衣類といくらかの食料しか持たずにたどり着いた場所にはやっと雨風を凌げると思われる小さな小屋が立っていました。彼らはここで飲み水を探し、畑を耕して、自分たちと、一緒に来た家族たちと生活しなくてはならなかったのです。最初、彼らに約束されていた、生活に必要な物資や売店、病気になったときのための医者や病院、子供たちのための学校などは全く忘れ去られたかのように存在しませんでした。

それでも、彼らは負けませんでした。老人やすでに病気が進んで動けない者を除いて、全員が荒地を拓き、耕し、食料となるものを植え、彼らの団結した社会を作り上げていきました。その後も感染者とその家族は次々に送られてきて、約百年の間におよそ八千人が送られ、カラウパパ（モロカイ島の第二の隔離地区）にも居住地が作られました。これらの人々の中には教育家や法律家、説教師なども含まれていました。そして、彼らの再三の議会への要求にもかかわらず、生活環境はなかなか改善されませんでした。それでも、彼らは最善の努力をすることをあきらめませんでした。教会が建てられ、礼拝が行われ、合唱団も作られました。

この間、この地は決して忘れ去られた地ではありませんでした。カラカウア王、カピオラニ女王、リリウオカラニ女王もここを訪れています。特にバーニス王女の夫のチャールス・ビショップは多額の寄付をして、女の子を収容する「ビショップ・ホーム」（パウアヒ・ホームとも言われる）の建設に寄与しました。一八八八年に完成し、ニューヨーク州のシラキュウズにある聖フランシス教会から七名の修道女が派遣されてきました。その七名の中の一人がマザー・マリアン・コープでした。彼女はビショップ・ホームの女の子や女性たちをまるで自分の家族のように接して大切に世話をしました。そして、彼女も実の母のように慕われて、三十八年の月日をカラウパパで過ごし、一八一八年に八十歳でこの世を去りました。二〇一二年に聖母の称号を与えられ、聖マリアンと呼ばれるようになった彼女の銅像はホノルルのケワロ湾公園に建てられています。

一八七三年、それまでハワイ島でキリスト教の宣教に従事していたダミエン牧師は、カラワオの人々に宣教をするためにモロカイ島に渡りました。彼が目にしたのは人々の酷く貧しい暮らしの様子でした。彼が最初にしたのは清潔な水を配ることのできるパイプの建設でした。このことによって人々の健康は一段と改良されたのです。その後も彼は献身的に人々の生活を改善するための努力を続けました。それは病人の治療だけでなく、精神的な支えでもあり、希望と愛を与えるものでした。彼は毎週のように人々の家を訪れ、祈りを捧げ、あらゆる援助を惜しみませんでした。コミュニティの集会を開いたり、学校や病院での奉仕にも力を尽くしました。もちろん彼はハンセン病が患者と接触することで感染することを知っていました。でも、それは彼を止めることにはならなかったのです。彼にとっては自分の安全よりも人々を救うことの方が大切だったのです。こうして十年余りもの間ハンセン病患者に

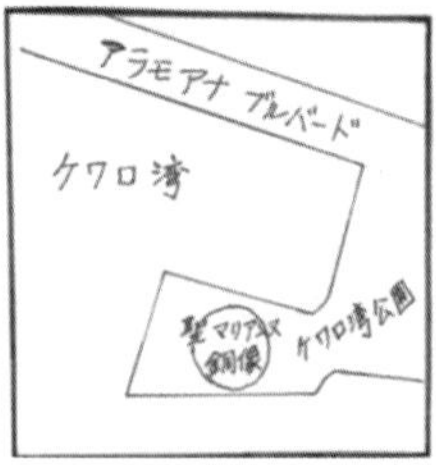

聖マリアン銅像

（八幡ジェリー撮影）

尽くしたのですが、遂に彼自身が病に襲われてしまいました。そして五年後の一八八九年、彼は天国に召されていきました。けれども、彼の功績は忘れられることはありませんでした。彼の銅像はハワイのみならずアメリカ合衆国本土にも建てられ、今も人々を見守っています。二〇〇九年の十月には法王ベネディクト十四世によって、ダミエン牧師は聖徒の列に加えられました。この歴史的な式典に参加するためにハワイから五百五十名にも及ぶ人々が渡航し、その中にはカラウパパの住民であった十一名の人々の名もありました。ダミエン牧師の銅像はハワイのみならずアメリカ本土にも多く建てられています。

その上、九月になって、またも別の問題が起きたのです。それは近衛兵内部の反乱でした。王の近衛隊はわずか六十名でしたが、その一部の兵が、白人の司令官の厳しすぎる訓

ハワイ州庁舎前に建つダミエン牧師の銅像

（八幡ジェリー撮影）

練に反抗して、暴動を起こしたのです。この事がハワイ人の外国人に対する反感を増長する事になりました。無理に反乱を抑え込もうとすれば、ハワイ人と外国人を巻き込んだ市街戦に発展する恐れがありました。その為、王は自ら反乱兵に会う事で説得に成功しました。けれどもこの時、王はすでに肺の病気に罹っていたのです。彼はハワイ島で療養を試みましたが、とうとう次期国王を指名することもなく、一八七四年、わずか三十九歳の若さで、亡くなってしまいました。わずか一年と二十五日の在位でした。王の亡骸は遺志により、ヌウアヌにある王族の墓地ではなく、カワイアハオ教会にある彼の母の墓の隣に埋葬されました。

カワイアハオ教会にあるルナリロ王の墓
(著者撮影)

さて、ここで次の国王のお話に移る前に、カメハメハ五世の願いを拒んで国王の座に就くことをしなかったバーニス・パウアヒ王女についてお話しすることにしましょう。

彼女はカメハメハ大王の直系の血筋を引く最後の王族でした。彼女は一八三一年生まれ、母はカメハメハ一世の孫のコニア・カオレイオク、父は首長のアブナー・パキです。当時の慣習として、彼女は生まれてすぐに大叔母のキナウとその夫ケクアナオアの元へ養女に出されました。キナウは、前にも書きましたが、カメハメハ一世の娘です。また彼女の夫のケクアナオアはオアフ島の知事や判事の職に就いた人でありました。バーニスはキナウが亡くなるまでの七年六ヶ月の間、実の子同様に大切に育てられました。その後は、両親のもとへ戻り「ローヤル学校」へ通うなどしながら、美しい淑女へと成長していきました。父のアブナー・パキはカメハメハ三世の親友であり、助言者でもあり、ホノルル要塞の

バーニス・パウアヒ・ビショップ
（ハワイ州古文書館）

キャプテンから最高裁判所の判事にまでなった人です。一方、母のコニアは王族からも、一般の国民からも、尊敬され愛されていました。

一八四七年に、父パキはフォート街とキング街に囲まれた広大な土地に邸宅を建てました。この家は「ハレアカラ」(太陽の家)と呼ばれ、タマリンドの木が敷地内に植えられていました。こうして、何不自由なく育ったバーニス・パウアヒ王女は、ハワイ王族としての地位も高く、ハワイ人としてのプライドも強く持ち、又、子供のころの教育をとおして、宣教師の教えも深くこころに留めていました。ハワイ人からの信望も厚く、また西洋人とも分け隔てなく交際することができました。彼女は、美しく教養のある非常に真摯な、ハワイ人と西洋人の両方の長所を兼ね備えた女性として、誰からも好かれていました。ただ、彼女自身はとても控えめな性格で、自分の特権を全面に打ち出すというようなことは一切ありませんでした。カメハメハ五世が死の床で、彼女に次期国王就任を願った時、実は彼女はすでにチャールス・ビショップ夫人でした。愛する夫との静かな家庭生活を捨てて、国王という重責ある地位に就くことは、彼女にとっては考えられないことだったでしょう。

それでは、ここで、彼女の夫となるチャールス・ビショップについて、お話しすることにしましょう。彼は一八二二年一月二十五日、サミエルとマリア・ビショップの息子としてニューヨーク州で生まれました。しかし、母は二人目の息子のヘンリーを産んですぐに亡くなり、ハドソン川の通行料金所の料金徴収人だった父親も、彼が四歳の時に亡くなってしまい、彼は祖父に引き取られました。彼は、祖父の農場で働きながら、農業の基礎知識や経営を学んだと思われます。学校は八年生までしか行けませんでしたが、持って生まれた聡明さと実用的な知識をいかして、地区で一番大きな商店に雇われ、瞬く間に店長にまで昇進したのです。この頃、ハーバード法律学校に通い弁護士の資格を持っていたウィリアム・リーと知りあいます。二人は新しい世界を目指してオレゴン州へ行くことを考え、一八四六年二月にニューベリーポートからオレゴン州に向けて船出しました。この頃はまだニューヨーク州から陸路でオレゴン州まで行くことはできなかったので、船は南アメリカ大陸の南端のホーン岬を回り、太平洋に出て西海岸のオレゴン州へ行く、というはずでした。

ところが船は途中悪天候の中、荒波に翻弄されて損傷がひどく、航海を続けられなくなり、ハワイに立ち寄って修理をすることになったのです。この修理の間に、ハワイに降り立った二人はハワイがすっかり気にいってしまい、オレゴン行きをやめてハワイに留まることにしたのです。運命とは不思議なものです。チャールス・ビショップがハワイに留まると決めたことで、ハワイの未来も違ったものになったとさえ言えるでしょう。その後、リーはすぐにホノルルで弁護士の職を得、チャールスはラッド会社に雇われました。そして、彼はこの会社が直面していた財政上の問題を解決し、その手腕が広く知られるところとなったのです。彼は、一八四九年にはハワイ王国の市民権を取得、税関の収税官となりました。

彼が初めてバーニスに会ったのは、彼女が通っていた「ローヤル学校」を訪れた時の事です。チャールス二十五歳、バーニス十五歳の時でした。その後も彼はしばしば学校を訪れて、彼女のために本を読んであげるなどしたのです。一方、バーニスは、彼の為にピアノを弾いたり、歌を歌ってあげたりしました。このようにして、二人は共に親しい交わりを楽しむようになりました。チャールスはバーニスのなかに輝くような美しさを見つけていましたし、バーニスは彼の中に、際立って洗練された紳士としての素質を見いだしていました。二人の間にかすかな愛が芽生え、月日を追うごとにその愛は深まっていき、二年後には結婚を考えるまでになったのです。

しかし、二人の結婚は簡単にはいきませんでした。彼女の両親は当然彼女が王族のプリンスと結婚することを望んでおり、彼女には内緒で、婚約相手をプリンス・ロット（後のカメハメハ五世）と決めて話を進めていました。けれどもバーニスはロットの事を別に好きとか嫌いとかは考えていなかったし、ましてや結婚するなどとは思ってもいなかったのです。ただ両親を愛していたので、彼らを傷つける事はしたくありませんでした。でも、チャールスを愛してしまった彼女はどうしても自分の愛した人と結婚したいと思ったのです。この彼女の気持ちを知ったロットは、自らの意志で婚約を解消しました。彼は彼なりにバーニスを愛していたのです。しかしながら、彼女の両親は娘の外国人との結婚に大反対でした。そしてついに二人は両親の許しを得ることができないまま、一八五〇年六月四日の夕方、「ローヤル学校」のクック夫妻の自宅の居間で結婚式を挙げたのです。バーニス十八歳、チャールス二十八歳でした。花嫁は白のモスリンのドレスを着て、頭にはジャスミンの髪飾りをつけました。けれども式に出席したのはたったの六人で、彼女の両親はとうとう現れませんでした。簡単な式の後、お茶が出され、全ての行事はたったの一時間で終わってしまいました。翌日二人はカウアイ島への新婚旅行に出発して三週間ほど過ごしました。

その後、一八五三年に夫のチャールスはウィリアム・アルドリッチと共同でアルドリッチ&ビショップという雑貨店を開きました。場所はクイーンズ・ストリートに

Charles and Bernice Pauahi at the time of their wedding; from a daguerreotype in the Bishop Museum.

結婚式の日のチャールスとバーニス

（ビショップ博物館）

新しく建設されたハワイ最初のレンガ造りのビルの中でした。この雑貨店の商売は、当時盛んだった捕鯨業に携わる船員たちが相手だったこともあり、とても繁盛したのです。チャールスはこの時、船員たちは常に現金の持ち合わせが少ない事や、お金を借りる事が大変に難しいということを知り、銀行業というものに興味を持ちはじめました。一八五八年八月、彼はアルドリッチとパートナーシップを組んで、「バンク・オブ・ビショップ&カンパニー」を設立し、銀行業を始めました。因みにその後の四年間、この銀行がホノル

1878年頃のビショップ銀行
（ハワイ州古文書館）

現在の建物
（著者撮影）

ルで唯一の銀行でした。

そして、この銀行の開業は大成功で、数年のうちにチャールス・ビショップは大変裕福な実業家になったのです。この銀行は時代を経て何度か経営者もその名前も変わりましたが、現在もなおファースト・ハワイアン銀行としてハワイの人々に親しまれています。

その後、バーニスとチャールスはお互いに変わる事のない、愛と慈しみに満ちた三十四年の結婚生活を送ったのですが、しかし残念なことに、子供に恵まれることはありませんでした。そして一八八四年十月、バーニスは病に倒れ、悲しみにくれるチャールスを残してこの世を去ったのです。実は、彼女は直系のカメハメハ王族として広大な土地を所有していました。その上、従妹のルース・ケエリコラニが一八八三年に亡くなった時にも、子供のいなかったルースは自分の土地を全てバーニスに譲渡したのです。こうして、バーニスの残した土地はハワイ全島の九分の一にも及ぶ広大なものでした。

そして、この土地は彼女の遺言によりハワイ人の福利の為に使われる事になり、その管理の為にビショップ財団が設立されました。チャールスは亡き妻の遺志をついで、この財団の運営のために最大の努力を払い、一八八七年にハワイ人の血を引く子供たちの為にカメハメハ・スクールが開設された折には、現金の少ない財団を助けて、多額の寄付金を提供しました。そしてチャールスは二年後の一八八九年にバーニス・パウアヒ・ビショップ博物館の建設に着手しました。彼はこの博物館に妻のバーニスが遺した沢山のカメハメハ王家伝来の品々、ハワイやポリネシアの歴史的芸術品等を保管、展示する事を意図したのです。最初はハワイ・ホールとポリネシア・ホールだけがカメハメハ・スクールと同じ敷地内に建てられましたが、その後学校は移転し、博物館も増築されて現在ではハワイ州最大の博物館となり、アメリカ合衆国歴史建造物として登録されています。現在この博物館の役割は展示だけではなく、広く太平洋地域の自然と文化に基づいたコレクション、研究プロジェクト、教育プログラムにまで及んでいます。ハワイを訪れた際は是非この博物館を訪れる事をお勧めします。そして、チャールスはその後愛する妻との思い出があまりにも多すぎるハワイを去って、サンフランシスコに移り、一九一五年に九十三歳で亡くなったと言われています。

チャールス・ビショップ
(ハワイ州古文書館)

9 イオラニ宮殿

―カラカウア王自慢のアメリカ唯一の宮殿―

ルナリロ王の後を継いだのはカラカウア王でした。彼もやはり議会の選挙に拠って選ばれたのですが、しかし、この選挙も決して穏やかなものではありませんでした。この時、有力な候補と見られたのは、前回ルナリロ王に敗れたカラカウア王でしたが、カメハメハ四世の未亡人であるエマ王妃も周りに薦められて立候補したので、選挙は混戦状

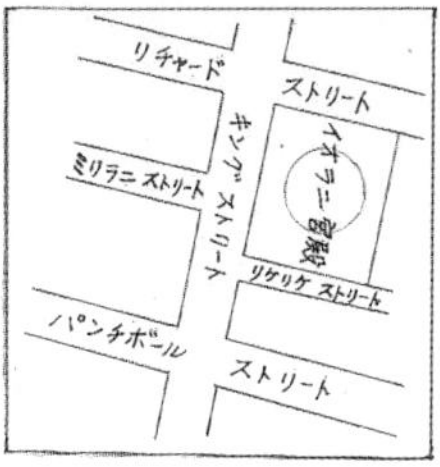

現在のイオラニ宮殿

（著者撮影）

態となりました。エマ王妃はこの時三十八歳で円熟した美しさを持ち、洗練された教養のある威厳を備えた女性でした。ハワイの貧しい人々の福祉に尽くし、献身的な努力でクイーンズ病院を建てたり、女性の学校を創設したりして、特にハワイ人の間で人気がありました。しかし、議会の選挙では三十九票の内三十三票がカラカウア王、六票がエマ王妃という結果だったのです。外で成り行きを見守っていた彼女の強力な支持者のハワイ人たちが、その結果を知って怒り出し、自分たちに投票権の無い事も怒りに拍車をかけ、ついに暴徒化して外に出てきたハワイ人の選考議員たちを取り囲み、馬車を壊したり、殴りつけたりしたのです。ある議員は窓から突き落とされ、大怪我をして、数日後に亡くなるという大惨事になってしまいました。この事態を収拾するために、カラカウア王と外務卿チャールス・ビショップとオアフ島知事のジョン・ドミニスは米国と英国の海兵隊員に助力を仰がねばなりませんでした。これが実は、後々の悪い前例を作る事になってしまったのです。

カラカウア王は立派な戴冠式をカワイアハオ教会で行いたかったのですが、このような状況のなかでは望ましくないということで、一八七四年二月十三日、静かに政務室で王の宣誓を行いました（そういうわけで後日一八八三年に、彼の望みどおりの大々的な戴冠式がイオラニ宮殿で行われる事になったのです）。この日、エマ王妃は声明を出してカラカウアを王と認め、彼女の支持者たちにも同じことを求めました。そして、カラカウア王がまず最初にした事は、もうお分かりだと思いますが、次期国王を指名することでした。彼は自分の弟のウィリアム・ピット・レレイオホクを後継者と定め、人々も異存はなく、彼は政務に集中することができました。

カラカウア王
（ハワイ州古文書館）

彼はハワイ語も英語も流暢に話し、性格は明るく陽気で、音楽や芸術を愛し、人々から「メリー・モナーク」（陽気な君主）と呼ばれていました。彼はハワイを、ハワイ人を愛し、古くからのしきたりに従って島々を回り、多くの人々に語りかけました。そして同時に彼が目指したのは、強いハワイ国王になることでした。彼は選挙の時に、ハワイ人から受けた非難を忘れる事はなく、彼らを優遇する為に、多くのハワイ人を彼の内閣の大臣に指名しました。でも、彼の指名の仕方はかなり個人的な考えに基づくもので、気に入らないとすぐに解雇したりして、混乱を招くものでした。一八七四年十一月、彼は最初のアメリカ訪問をし、グラント大統領に会見しました。その目的は、ハワイで生産過剰になりつつある砂糖を無税でアメリカへ輸出できるように、「互恵条約」を結ぶ事でした。翌年、この条約は批准されましたが、その代わりに、パールハーバー（真珠湾）を含むハワイの港湾はアメリカ以外の国に貸与したり譲渡したりしないとの取り決めをさせられたのです。この時から、アメリカのハワイに対する関心がより深まり、次第に圧力を増してきたと考えられます。

一八七七年、突然悲しいニュースがもたらされました。将来を嘱望されていたカラカウア王の弟で、国王の次期後継者ウィリアムがリウマチ熱の為に急逝したのです。僅か二十三歳でした。カラカウア王はカピオラニ女王と一八六三年に結婚していましたが、未だに子供には恵まれていませんでした。またも急遽後継者を決める必要が起こりましたが、バーニス・パウアヒ・ビショップはすでに王位を継ぐことは拒否しているので、困った王は一番の側近であるジョン・ドミニスを呼んで相談する事にしました。彼は王の妹リディアの夫でもありました。王はこう切り出しました。

「ジョン、誰が見ても一人しかいないと思うのだが」

ドミニスは国王の顔を見つめたまま、言葉を返す事ができませんでした。彼は妻が国王という重責に耐えられるか心配でした。そして、カラカウア王も、妹のリディアを納得させる為に、一苦労しなければなりませんでした。彼女もできる事なら断りたいと思って、いろいろと他の王族の名前を挙げたのですが、王の決意を変えさせることはできませんでした。とうとう兄の懇願に負けて、彼女は王位継承者となる事を承知したのです。この時彼女は三十八歳でした。この時から、彼女の正式名はリリウオカラニ王女となりました。

一八八一年、カラカウア王は、イオラニ宮殿が新築されている間、後をリリウオカラニ王女に託して、世界一周の旅に出ることにしました。彼と旅を共にしたのは王室侍従チャールス・ジャッドと国務大臣ウィリアム・アームストロングでした。王の目的はいろいろありましたが、主な目的の一つは「太平洋諸国連合」を提唱する事、そしてもう一つ大事な事は、日本からの耕地労働者派遣の再開を依頼する事でした。国王一行は、まずアメリカのサンフランシスコに向かい、外国元首として歓迎され、十日ほど滞在した後、オーシャン号で日本へ向かいました。すでに国王訪問の知らせを受けていた日本側では公式歓迎をすることに決め、国王の船が横浜港へ入ると港内の軍艦から次々と二十一発の祝砲を打ち上げました。このような歓迎を受けるとは思っていなかったカラカウア王は非常に驚いたのですが、軍艦の側を通る時には帽子をあげて祝砲に応えました。そしてボートに乗り換え桟橋に到着した時、帝国軍楽隊がハワイ国歌の「ハワイ・ポノイ」の演奏を始めたのです。全く思いがけず自国の国歌を異国で聞いた国王の一行は、感激のあまり涙を流さずにはいられませんでした。この後、国王一行への歓迎行事は次々と催され当初予定されていた三日間はついに十九日間にまで及んでしまいました。

この間、注目すべきことは多々あったのですが、やはりカラカウア王が通訳者だけを連れて秘かに明治天皇を赤坂離宮に訪問したことは特記しなければなりません。三月十日の夜と言われていますが、夜中に天皇に会うという事は考えられず、正しくは三月十一日の午後と思われます。カラカウア王は単独の会

1881年　カラカウア王の日本訪問

（ハワイ州古文書館）

見を申し込み、天皇は少々不思議には思ったのですが、快くお会いになりました。この時の天皇の通訳は井上馨外務卿であったと言われています。この会見で王が天皇に申し上げた事は主に次のような三件でした。実はこれらは前もって用意されていたものだけではなく、王が自分で考えていたこと、そして日本に来てから思いついた事などもありました。最初に王が提案したのは「太平洋諸国連合」でした。それは、日本が中心になって太平洋諸国が同盟を結び、欧米諸国に対抗するというもので、自分はハワイ国王としてそれを支持するというものでした。これはハワイ王国が、現在、西洋列強の、特にアメリカ合衆国の圧力を強く感じている為に、何とか日本及びアジア諸国と連携して強い組織を作りたいという願いでもあったのです。そしてそのために両国の絆を強くしたいと思い、自分の姪のカイウラニ王女と日本の皇族の山階宮定麿王の婚約を突如提案したのです。しかしながらこの時、カイウラニ王女はまだ五歳、山階宮は十三歳、それも彼とはほんの数日前に海軍兵学校で会ったというのですから、どう考えても王の突然の思い付きとしか考えられません。

しかし、一応ここでカイウラニ王女と山階宮について簡単な説明をしておきましょう。

王女は一八七五年十月、王の妹のリケリケ王女とスコットランド人のアーチボルド・クレグホーンの間に生まれました。彼女の美貌と賢さは幼い頃から周囲の注目を集めていました。生まれつきハワイ王家の血筋を引き、ハワイ人としてのプライドも強く持ち、同時に英国人の家庭教師から学んだ西洋の知識も豊富でした。十三歳でヨーロッパに留学し、更に深く西洋の知識を学びました。カラカウア王と親交のあった作家のロバート・ルイ・スチーブンソンは、彼女の広大な屋敷アイナハウで彼女と長い時間過ごす機会があったのですが、彼は彼女の事を「控えめで、哀愁を漂わせているが、人を引き付ける魅力に溢れている」と書き記しています。そして彼女はリリウオカラニ女王に続いて、次の国王になるはずだと考えられていました。

対する山階宮は一八六七年十月、伏見宮親王の第十七子として誕生。兄山階宮晃親王の養子となり山階宮を称することになりました。一八七七年海軍兵学校に入学。一八八一年三月九日、カラカウア王は海軍兵学校を訪問、当時士官候補生であった山階宮が一日だけ特別副官として王に同行することになりました。王はこの時の彼の印象を、「元気な若々しい、大変聡明な、知性のある、将来性のある若者である」と日記に書き残しています。この後、山階宮は複雑な継嗣問題に巻き込まれ、自身は英国留学中に不在のまま小松宮依仁親王と称する事になります。一八八七年フランス海軍兵学校に入学、一八九二年卒業、帰国、軍艦「高千穂」、ついで「浪速」の分隊士となりました。一八九三年二月、ハワイ王朝転覆の動乱の折、「浪速」に乗船、ハワイに出航した事には少々運命的なものを感じます。いずれにせよ、この婚約の件は日本側から書簡にて丁重に辞退されましたが、その理由は、山階宮にはすでに婚約者がいるからという事でした。しかし本当のところは「太平洋諸国連合」も含めて当時日本の置かれた状況、特にアメリカのハワイに対する政策等の政治的理由が背景にあったからと思われます。

さらに、もう一つの話題は日本人移民の件と言われています。さきに述べた「元年者」で挫折した日本人労働者の派遣についてですが、カラカウア王の考えは単に労働者というだけでなく、日本人に移民としてハワイに来てもらいたいというものがありました。というのは、年々減少していくハワイ人の人口を増加させるために、妻子をつれた農業移民がハワイへ来ることを望んでいたのです。この時の井上外務卿の考えは、日本人移民をハワイに送る事には両国の利益につながるものがあるとはしていますが、まずは日本とハワイの間で「通商条約」が締結されるのが先だというものでした。しかし王の気持ちは日本側にも伝わり、その後四年の交渉、条約締結を経て日本からの労働者の派遣は一八八五年の官約移民へと進められていきました。

カラカウア王は日本を後にして、その後中国、タイ、インド、エジプト、イタリア、ベルギー、ドイツ、オーストリア、フランス、スペイン、ポルトガルを歴訪、そして最後にロンドンに到着、ヴィクトリア女王に温かい歓迎を受けました。この旅行の間、王はイオラニ宮殿に入れる家具や装飾品、翌年に行われる戴冠式に用いる二つの宝石をちりばめた王冠、笏、その他を、おそらくお金に糸目を付けずに、買い付けたと思われます。けれども、九ヶ月の楽しい旅を終えハワイに帰国した王を待っていたのは、財政上と政治上の厳しい現実でした。また宮殿の新築費用は初めの予定の二十倍以上にも膨れ上がり、その為、国の財政は殆ど回復不能と思われるほどに落ち込んでいたのです。政府内でもアメリカ併合を望む者、王政に反対な者、そして外国生まれの耕主、実業家等は露わに王に反感の意を表すようになっていきました。しかし翌年、王は新装なったイオラニ宮殿で盛大なる戴冠式を決行しました。

一八八三年二月十二日、前夜までの雨はすっかり上がり、この日を祝福するかのように、太陽の日射しが降り注ぐ朝となりました。ホノルルの街は喜びに満ちた人々やミュージシャンにあふれ、建物は美しく飾られ、停泊している外国船さえも飾りつけられていました。宮殿は緑の葉と花々に彩られ、垂れ幕がなびき、特設されたパビリオンは各国の紋章で飾りつけられていました。戴冠式は古代ハワイの伝統的様式とヨーロッパ王国の慣習の両方を取り入れたもので行われました。初めに王国の歴史が語られ、王家のシンボルの刀剣、カメハメハ大王の黄色い羽根のガウン、首長の象徴の杖やカヒリ（ハワイ独特の飾り竿）などが王へ手渡されました。最後に王自ら王冠を頭に載せ、次に王冠をカピオラニ王妃の頭に載せました。そして二人は聖アンドリュース教会のマッキントッシュ僧正の前に跪き祝福を受けました。式典の催しは大舞踏会、フラダンスの披露、民衆の為のルアオ（ハワイ様式の宴会）などと続き二週間にも及びました。

この戴冠式の全行事にかかった費用は当時の金額で五万ドルと言われ、王の反対派の人々を更に怒らせるのに充分でした。又この時、これまで禁止されていたフラダンスを復活させたことで、敬虔なキリスト教徒の人々からも反発を受けました。フラは不道徳でキリスト教徒にはふさわしくないと思われていたのです。こうして王は次第に反対派の人々の強い反発に押しやられていきました。特に、彼の変わらない協力者であったギブソン首相が反対派の「リフォーム・パーティー」に、武力によって死刑にすると脅された為に、王はやむなく、いわゆる「銃剣憲法」といわれる改悪された憲法に強引に署名させられてしまいました。この憲法はカラカウア王の王としての権力を殆ど剥奪するもので、これまでのように閣僚を任命することもできず、また人口の七十パーセントに近いハワイ人やアジア人の選挙権をも奪うものでした。ギブソンはサンフランシスコへ追いやられ、失意の王は徐々に体の不調を訴えるようになりました。一八九〇年、王は療養のためにサンフランシスコに向かいました。しかし翌年、王の帰国を喜んで迎えるために、埠頭に集まった人々が目にしたのは王の棺でした。「メリー・モナーク」（陽気な君主）といわれたカラカウア王の悲しい最後でした。

10 日本人出稼ぎ人ハワイへ殺到す
―旗揚げて故郷に錦を飾ろう―

さて、ここで、一八六八年の「元年者」と呼ばれた砂糖耕地への最初の日本人出稼ぎ労働者の続きのお話をすることにしましょう。「元年者」が不成功に終わり、日本人労働者の渡航は明治政府によって禁止されましたが、ハワイの砂糖耕地では相変わらず労働者が必要であり、何とか再開してほしいと、砂糖耕主たちはハワイ政府に働きかけ続けていました。カラカウア王が明治天皇に移民の依頼をされたことは前にも書きました。ハワイからの働きかけが進展をみせたのは、一八八二年にカペナ使節が日本政府へカラカウア王からの親書と「移民条約草案」なるものを手渡した時で

桟橋を歩く日本人移民

（ハワイ州古文書館）

した。彼は日本人を褒めたたえるような演説をして、日本人のハワイに対する心象を良くしました。続いて一八八四年四月にイアウケア特使が来日。井上外務卿と会談、彼から移民条約の締結はまだできないが、日本人の移民を送る事は不都合ではないとの合意を得ました。イアウケア特使は、前年ハワイ移住民局特別代理人に任命されたロバート・アーウィンと共にハワイへ帰国。さっそく、移民招来準備会議を開催しました。この会議に当時まだハワイにいた元年者の三浦藤吉と吉田勝三郎が参考意見を聞く為に呼ばれ、同じく元年者の小沢金太郎のハワイ生まれの長女糸子（十二歳）が流暢な英語で通訳をしたことは前にも書きました。こうして作成された「日本人移民ハワイ渡航約定書」をもってアーウィンは日本へ帰任、「約定書」を日本政府に提示して、その了承を得ることができました。ただしこの「約定書」はアーウィンとハワイへの出稼ぎ人との渡航契約であって、それをハワイ政府が保証、就労させるというものであり、この時点では両国政府間の条約ではありませんでした。両国間の「日布渡航条約」締結は翌年まで待たねばなりませんでした（日布とは日本とハワイの略。ハワイは漢字で「布哇」と書く）。それでも、一応日本政府の許可が出たという事で、出稼ぎ人募集は早速そのスタートを切りました。アーウィンは三井物産の社長とも親交があったので同社の協力を依頼、なお地方の県知事などにも依頼をすることにしました。その時の新聞広告は、

「ハワイは気候も良く、夫婦で共稼ぎも出来る、行きの渡航費は無料、月々の給料が得られ、まるで濡れ手で粟のごとく、四、五年ハワイへ出稼ぎにいけば、長者となれる」
（「ハワイに往けよ」の要約『中外物価新報』１８８４年10月21日）

といった甘い言葉が連なっていました。勧誘は県知事以下、郡、町、村長の担当吏によってなされ、外務省からは「出稼ぎ心得書」も発送配布されました。それによると今回の募集対象となる者は農業経験者に限ると明記されていました。これは「元年者」の失敗から学んだものであり、簡潔に言えば「身体壮健にしてこれまで農業に従事し、今後ハワイ国において、砂糖製造もしくは耕作労働をする事が出来る。また妻子を携帯する事が許される」と書かれていて、はっきりとその仕事内容を伝えるものでした。契約内容はハワイまでの船賃は無料、三年間の砂糖耕地での労働、給料は一ヶ月十五ドル、住居、医療は無料というものでした。こうして始まった、いわゆる「官約移民」第一回の募集は初め約六百人ほどを受け付ける予定でしたが、いざ募集を始めてみると、なんと二万八千人もの応募があったのです。この事は、当時日本の経済状態が如何に悪く、多くの農民が苦しい状況にあったのかという事の表れであったと思われます。この頃、日本は酷いデフレ経済の中にあり、米の相場が急落しており、特に山口県大島郡では作物は殆ど取れず、農民は困窮を極めていました。たまたま井上外務卿は山口県出身ということもあり、救済の手段としてハワイへの出稼ぎが推進されたのです。また広島県では築港によって仁保島の漁師は漁場とノリの採集場が奪われるという事態に見舞われ、生活苦に直面していました。こうした日本側の窮状がハワイからの仕事の提供に上手く合致したと考えられます。一八八五年一月二十七日。「官約移民」第一回船「東京市号」は九百四十五名の出稼ぎ人（男六百七十六人、女百五十九人、子供百十人）とアーウィン夫妻、その長女ベラ、初代ホノルル領事中村治郎夫妻、のちに日本移住民局監督官長となる中山譲治を乗せて出航しました。

SS City of Tokyo　東京市号

（Phillips Library, Peabody Essex Museum）

そして十四日間の航海の後、「東京市号」は無事ホノルル港に到着したのです。この時カラカウア王はフラダンスのグループを率いて自ら歓迎の為に出向き、到着した日本人の中からは相撲や撃剣を披露するものもありました。こうして大歓迎で迎えられた「官約移民」でしたが、またも「元年者」の時と同じ問題が起きたのです。それは主に耕地の雇い主側の契約不履行、酷使、ルナ（監督官）との悶着、時間外労働などであったのですが、予想外の酷暑の炎天下での十時間労働と言葉が通じない事が問題に拍車をかけ、まもなく、ストライキが頻発するという事態になってしまいました。この事態を重くみた日本政府は、ただちに調査の為に、井上勝之助（井上外務卿の息子）を第二回船でハワイへ送りました。その結果、やはりきちんとした条約の締結が必要であるとの結論に達し、一八八六年一月二十八日、井上外務卿とアーウィン日本駐在ハワイ代理公使の間で「日本・ハワイ渡航条約」が調印されるに至ります。またハワイ移住民局を設置し、第一回船で到着した中山譲治を長官におき、第三回船では総領事安藤太郎が日本総領事館に着任して、一応問題は解決されました。以降、「官約移民」は一八九四年の第二十六回船までに二万九千人の日本人出稼ぎ労働者（移民）をハワイに送り込みました。

さてそれでは、日本人労働者が従事する事になった砂糖耕地での仕事とは具体的にはどんなものだったのでしょうか。それは大きく分けて二つになります。一つは砂糖黍を育てて刈り取る屋外の耕地での仕事。もう一つは屋内の工場で砂糖黍を粉砕して搾り粗糖にまでするという仕事です。労働時間は外の耕地での仕事が一日十時間、工場内の仕事は十二時間でした。耕地ではまず鍬で土を掘り起こし、砂糖黍の苗を植え付ける準備をします。そして苗を植えてから、次に灌漑用水を引き込む作業をします。砂糖黍は成長するまでに約十八ヶ月かかるのですが、その間に雑草を抜いたり、「ホレホレ」と言われる枯れた葉を取り除く作業をしなくてはなりません。「ホレホレ」の作業は一番単純で力もいらないので、女性や体力に自信のない男性が従事したのですが、実は、砂糖黍の葉には鋭いとげがあって、これで手や顔を刺してしまうととても痛く、すぐに手当てをしないと赤く腫れあがってしまいます。そして、その傷はひと月以上も治らないという、はたから見るほど楽な仕事ではありませんでした。この耕地での仕事の様子を第一回船でハワイへ渡った山田浦次郎さんが書き残したものがあるので、ここに引用してみたいと思います。

「毎朝四時半に汽笛がキャンプ内に響きわたる。妻は既に一家と他の独身者の為に弁当を用意している最中である。すぐにご飯と味噌汁とお茶の朝食が終わり、六時には耕地での一日が始まる。照り返す太陽の光とむせる様な埃、又は雨と泥の中での十時間は耐え難いものであった。私と妻が働いている間、子供のモトハルとマンキチは背の高い砂糖黍の陰で遊び、寝たのだった。ルナは正午前の三十分の食事時間以外は絶対に休ませてくれなかった。午後四時半にようやく長い労働が終わると、労働者は我先に家路を急いだ。それは共同風呂に早く入る為で、我々はいつも遅いので常に汚い湯の風呂に入らねばならなかった。ハワイでは週六日間、絶え間なく働き、病気になっても耕地付きの医者の許可がない限り休めない。我々の生活はルナの監視のもと、笛と鞭で管理されていた。ルナが怒鳴っている言葉の意味がわからないので、いつも声の調子や鞭の音で想像するしかなかった。」

これを書いた浦次郎さんはカウアイ島のケカハ耕地で一生懸命働き、やがてルナに昇格しました。悲しいことに、妻のエイは三年の契約期間が終わる前に亡くなってしまいました。彼はそれでも働き続け、この苦しい耕地での生活から抜け出るには教育が必要だと考え、二人の息子をホノルルのマッキンレー高校に送り勉強をさせました。そして、自分は結局耕地で二十五年間も働く事になったのですが、息子たちは立派に成長し、又、日英両語にも精通するようになりました。マンキチは法廷通訳の仕事につき、その後、建設業にも携わり成功を収めました。彼は多くの建物をホノルルのリリハ地区に建てたので、今も彼の名前を冠したヤマダ・レーンという道路が残っています。弟のモトハルも後に法律顧問という立派な仕事につきました。そして、浦次郎さんは息子家族とともに幸せに暮らし、日本に帰る事はありませんでした。

それは、青木リヨさんの事です。
「東京市号」でハワイに到着した、もう一人の女性の話もしておかなければなりません。

ハワイへ向かう官約移民第一回船、「東京市号」の船倉で、青木リヨは船酔いに苦しみながら考え続けていました。

「まるで波間に漂う枯葉のように、私は一体これからどうするつもりなのだろう？」

自分は今、この船に乗って、まだ見た事も聞いた事も無い、ハワイという国に向かおうとしている。どうしてこういう事になったのだろうか。思い返してみれば、自分は山口県大島郡平野村の旧家に生まれた。祖父も父も医者で、母は湯田村の代官の家の出で、何不自由なく育てられた。両親と早く死別したために、その後は叔母の家で育てられたけれど、大切にされた事には違いない。学校にも行かせてもらったし、お稽古事もさせてもらった。周りから「綺麗な娘さんですね」と言われて少し良い気になっていたかもしれない。けれども、その状況が一変したのは、私が結婚することになったからだった。お見合いをして、お互いに納得して結婚したのだけれど、何かが違うという違和感から抜けきれなかった。それは多分、日本人の嫁なら当たり前の事、朝早く起きて家族全員の朝食の支度をし、末席に座って皆のお給仕をする。皆の食事が終わって、やっと自分も食べて、急いで後片付けをする。それから、家中の掃除をし、洗濯をし、もう早、昼の食事の支度に取り掛かる。やっと昼食が終わり、一息つく間もなく、姑の用事をしなくてはならない。それは姑の肩を揉む事であったり、庭の手入れであったり、買い物であったりした。その事にひどく不満があったわけではないけれど、このままこうして一生を終えるのだろうかと、ふと、考えこむことがあったのは確かだ。そんな矢先に、叔母が急にやって来て、「こんな家に居ることはない」と言って強引に私を引き戻し、離婚させたのだった。何が何だか分からないまま、叔母の家でまた暮らす事になったけれど、世間の出戻り娘に対する目は冷たかった。どこか遠いところへ、誰も私の事を知らないところへ行ってしまいたいと思う気持ちは日毎につのるばかりだった。そんなある日、私はハワイ移民の話を耳にしたのだった。ハワイという所がどんな所かも知らなかったし、どんな仕事をさせられるのかも分からなかったけれど、私には、ともかく今、この場所から逃れたいとの思いだけしかなかった。すぐに申し込んだところ、幸いにも受け付けてもらえるという事だったが、女一人では駄目だというので、ちょうど岩国の新港から乗り合わせた、大人しく、真面目そうな竹本新吉さんという人に頼んで、仮の夫婦の約束をしてもらったのだった。ハワイに着いたらすぐに解消するということにして。竹本さんは見ず知らずの人でしたが、船に弱い私が船酔いして、船室で寝たきりになっていると、親切に介抱をしてくれたのでした。

一八八五年二月八日。官約移民第一回船「東京市号」は青木リヨを乗せて横浜港を出港、十四日間の航海を経て、ホノルル港に到着しました。「千人小屋」とよばれていた広い移民収容所での検疫を無事終えて、彼女は一人ハワイ島のワイナク耕地へと向かいました。そして、そこで彼女を待ち受けていたのは、想像をはるかに超えた過酷な仕事でした。前の章で山田浦次郎さんが書いた

ホノルルに到着した契約移民はまず第一にこのコーランチン（移民収容所）に入れられた
（ハワイ天理文庫所蔵）

ように、男性の日本の農業を経験している人にとってさえも、ハワイの砂糖耕地での作業は耐え難いものでしたから、まして、彼女のように、良家で育てられ、農業に従事した事も無い者にとっては、とても耐えられるものではありませんでした。この時の経験を、後に、彼女は回顧してこのように語っています。

「私は生まれてこの方、鎌や鍬など持ったことがないので、耕地での力仕事はとても苦しゅうございました。私の仕事は、キビの枯れた葉をむしり取る『ホレホレ』というもので、朝早くから駆り出されて、一日中働かされ、夜になればなったで、掌にびっしり刺さったキビの棘を抜き取るのが一仕事でした。なんとも、耕地での仕事は、か弱い女には大変厳しい毎日で、何の因果でこんなハワイにやって来たのかと、悔し涙に明け暮れたものです。その上、私達の仕事を監視する『ルナ』という耕地の監督の意地悪には、さんざ泣かされました。咽喉が乾いて水を飲みにいくと、直ぐ『ルナ』が後を追って来て、思うように水を飲ませてくれず、『ヘイ、ヘイ』と鞭をもって追い立てるのです。」

（ジャック田坂による青木リヨのラジオインタビューから）

こうしてしばらくは耕地の過酷な労働に耐えていたリヨでしたが、とうとうもう耐えられないという思いになり、同じ一回船で来て、友達になった小早川さんに助けを求めました。小早川さんには十七歳になる同じリヨという名前の娘さんがいたのです。小早川さんはホノルルの日本領事館に勤めた後、ハワイ島のヒロ市に来て、チャールス・アーノルドという土地の旧家に奉公していました。アーノルド家はカラカウア王がハワイ島に訪れる時には必ずお泊まりになるような家で、ホテルと見間違うほど大きなお屋敷でした。とにかく何とか耕地を逃げ出したいと訴えるリヨさんに、アーノルド夫人が救いの手を差し伸べてくれました。島の間の連絡船のキナウ号が出帆する前の夜に、耕地を抜け出して、アーノルド家で一夜を明かし、翌朝キナウ号でホノルルへ向かう事になりました。折よく、数人の男性が一緒に行ってくれるという事になり、夫人から船賃の四ドルまで頂いたのです。こうして無事ホノルルへ到着したリヨは、ひとまず、脇田という人の経営するお風呂屋さんに身を隠しました。後から分かったのですが、このお風呂屋さんは耕地から逃げてきた人をいつも一時的にかくまっていたようでした。そしてこの頃のホノルルは決して安全な町ではなく、特に女性は狙われて騙され、売られるというような事があったようです。こうして何とか自由の身になった彼女はとにかく仕事を見つけなければと思い、いろいろ探したところ、運良く、ワイキキにあったグリーンという大臣の家で働けることになりました。仕事は子供の世話や雑用などでした。彼女は真面目に、一生懸命働いたので、グリーン氏にその仕事ぶりを認められ、その後、同じワイキキに邸宅のあったカイウラニ王女のもとでメイドとして、お仕えする事になりました。カイウラニ王女の事は前の章でも少し触れましたがここで少し詳しく王女のことをお話ししたいと思います。

彼女は、カラカウア王の姪にあたり、リリウオカラニ女王の次にハワイ王国の王位を継ぐことになっていました。

カイウラニ王女は一八七五年十月十六日に英国人の父アーチボルド・スコット・クレグホーンと母の女首長ミリアム・リケリケの間に生まれました。父はスコットランドのエジンバラの生まれですが、若い頃志を立ててニュージーランドへ渡り、仕事をしながら、タヒチを経て一八五一年にホノルルへやってきました。始めはホノルルの商店で店員をしていましたが、その後、自分で貿易の仕事を始め、マウイ島、モロカイ島、ハワイ島まで商売を広げていきました。彼には商才だけでなく、政治の才能もあったと思

カイウラニ王女

（ハワイ州古文書館）

われます。後年、義弟のカラカウア王の時代になった時に、彼は幾つかの政府の要職につき、リリウオカラニ女王のもとではオアフ島の知事になりました。

母のミリアム・リケリケは一八五一年一月十三日の生まれで、カラカウア王とリリウオカラニ女王の妹になります。と言うことは、カイウラニ王女は彼らの姪というわけです。カイウラニ王女の誕生はハワイ王家の血筋を継承する希望の星であり、次期国王となるはずの王女でした。人々はその日、歓喜に包まれ喜びの声をあげたのでした。彼女の生まれた場所は両親の住むパンチボール火口のふもとにあるクイーンエマ通りにある緑の木々に囲まれた瀟洒な白壁の邸宅でした。その年のクリスマスに彼女の洗礼式がセント・アンドリュウ教会で行われました。幼い彼女は刺繍の施された絹の洗礼式のためのガウンに包まれて、父と母、そして教父のカラカウア王、教母のカピオラニ女王、ルース・ケエリコラニ王女の見守る中で洗礼を受けました。この時授かった名前はビクトリア・カワキウ・カイウラニ・ルナリロ・カラニヌイアヒラパラパ・クレグホーンという長い名前でした。彼女はこの長い式典の間、ずっとおとなしくしていて泣き声などいっさい立てなかったという事です。その後、イオラニ宮殿でお祝いのパーティーが催され、ローヤル・ハワイアン・バンドの賑やかな演奏が始まりました。そして、その時、ルース王女が自分の所有するワイキキの土地の一部をカイウラニ王女に譲渡すると発表しました。その土地は椰子の木に周りを囲まれた涼しい風の通る場所で、後に「アイナハウ」（涼しい土地）と呼ばれるようになりました。ここに父のクレグホーンは睡蓮の花の咲く池を作り、大きなバンヤンの木を植えました。カイウラニ王女はここで幸せな幼年期をすごしたのです。

彼女が十一歳になった時に、盛大な誕生日パーティーがアイナハウで催されました。このパーティーは彼女にとって重要な意味を持っていました。それは彼女がこれから大人になってこの国の女王になるときにそなえての予行演習でもあったのです。この日彼女のアイナハウの邸宅は大勢の人で埋め尽くされ、新聞もこれを大きく取り扱いました。彼女は両側に立てられたカヒリ（羽根で作られた飾り棒）の間に立って、次々に訪れる客から寄せられる祝福の言葉の一つ一つに丁寧に応えていました。やがて、豪華なハワイアンの食事が振る舞われ、人々が満たされた気持ちになった時、カラカウア王が乾杯の音頭をとるために立ち上がりました。

「紳士、淑女の皆さん、カイウラニ王女の健康を祈って、乾杯をしたいと思います。私はこの場をお借りして申し上げたい。王女の未来が、そして、この国の未来が、揺るぎないものであることを願ってやまないことを」

次に立ったワイルダー卿も王女の明るい将来を讃えてこう述べました。

「王女がこの国の希望の星とならんことを。王女がこの国を磨かれた教養をもって率いていかれることを。そして愛をもって全ての国民に接されんことを」

この後、招かれた人々は王女の広々とした邸宅と広大な庭園を見て回り、その美しさに感嘆の吐息をもらしたのでした。こうして、善意と夢と希望に満ちた一日は静かに終わりを告げたのでした。

それから、たったの四ヶ月もたたない内に、悲しい出来事が起きました。母のリケリケが亡くなったのです。慣習に従って母の棺はイオラニ宮殿にしばらくの間安置されていたので、カイウラニ王女と父のクレグホーンは毎日曜日訪れてミサに加わりました。そして最後の日曜日に棺はゆっくりと長い行列に守られて王家の墓所に運ばれていきました。まだ年若い王女にとってどんなに悲しく辛い行進だったことでしょう。

やがて、二年の月日が経ちました。間もなく又イギリスへ留学する日が近づいてきたある日、近くに住んでいるロバート・ルイ・スチーブンソン（『宝島』などを書いた作家）が訪ねてきました。彼はいつもいろいろ素晴らしい話を聞かせてくれたのですが、この日は彼女に求められるままに、短い詩を書いてくれたのです。それは親しみに満ちた送別の詩でした。

私のあずまやを訪れる
島の乙女、島の薔薇
軽やかな心、明るい笑顔
二つの祖国を持つ娘。
夏の太陽を浴びながら、
カイウラニは行ってしまう。
そして、私はバンヤンの木陰で、
ぼんやりと彼女のことを思い出すだけ。
けれども遠いスコットランドの地には、
何時になく輝いた日が訪れ、
嵐は静まり、
彼女の眼はやさしく微笑むだろう。

（スチーブンソンが書いたと言われる詩。*Princess Kaiulani: The Hope of Hawaii*, Ruth Powell著より和訳して引用）

一八八九年五月、十四歳になったカイウラニ王女は英国副領事夫人のミセス・ウォーカーと共に英国に向けて出発しました。ロンドンから六十マイルほど離れたところにある、ノーサンプトン州にあるグレートハロウデンホールで勉強するためでした。彼女はここで優秀な成績を収めただけでなく、級友たちからも尊敬と憧れの目で見られ、先生たちからも可愛がられました。一八九二年にブライトンにある学校に転校してからも、彼女はフランス語、ドイツ語、絵画、音楽、文学、自然科学のクラスの授業を受け、その上、ダンスに乗馬のレッスンと休む暇もないほどでした。それでも彼女は健康で気力にあふれていたのです。そして、翌年五月には、十八歳の誕生日を迎える式典の為に、ハワイへ帰国する予定でした。

でもそれはかなわぬ夢となったのでした。代わりに彼女が受け取ったのはリリウオカラニ女王が退位させられたという悲しいニュースでした。彼女はこの事態に抗議してテオ・デイビス氏と一緒にワシントンに行き、クリーブランド大統領に謁見するのですが、果たしてどれだけの効果があったのかは分かりません。でも、自分が次期国王となるはずだった国が崩壊させられてしまったという事がどれほど心を傷つけるものだったかは、想像を絶するものがあります。帰国がかなわなくなった彼女は引き続き英国に滞在し、時にドイツやジャージー諸島を訪れたりして過ごしました。一八九五年、父のクレグホーン氏が彼女のもとにやってきます。二人はスコットランドの友人を訪ねたり、パリへ行ったり、またジャージー諸島へ行ったりして過ごしました。けれども、彼女は自分が以前ほど健康ではないのではないかと感じるようになっていました。一八九七年の三月に彼女が叔母のリリウオカラニに書いた手紙が残っています。

「最近残念なことに、体調があまり良くありません。時々痛みを感じるのです。最近罹ったインフルエンザのせいかもしれませんが、とても疲れやすいのです。その上、しばしば頭痛におそわれます。」

それから、再び英国を訪ねてデイビス夫妻や友人たちに別れを告げると、彼女はついに帰国する決心をしたのでした。一八九七年十月九日、英国を出航したカイウラニ王女と父のクレグホーン氏は、十月十六日にニューヨークに到着します。その日はカイウラニ王女の二十二歳の誕生日でもありました。そして、出発から一ヵ月の十一月九日、彼女の眼の前に広がるのは、青い海の向こうに見える懐かしい緑の山々でした。

「やっと帰ってこられた！　これが私の国、私の祖国なのだ」

近づく港の景色を見つめるカイウラニ王女の眼には涙があふれてくるのでした。

彼女はハワイに帰国してから、ワイキキにあるアイナハウと呼ばれる広大な邸宅に一人で住んでいました（現在、この場所にはプリンセス・カイウラニ・ホテルやハイアット・リージェンシー・ホテル等が建っています）。

リヨはグリーン氏の薦めで王女の侍女として仕える事になったのです。彼女は心をこめてお世話をしながら、日本の事なども話して差し上げる事がありました。王女はずっと以前、もしかしたら自分は日本の皇族のもとに嫁いで、日本人として生活することになっていたかもしれないと思うと、何か因縁めいたものを感じたかもしれません。王女がリヨに着せてもらったと思える着物を着て日傘をさしている写真が残っています。

着物を着たカイウラニ王女
（ハワイ州古文書館）

けれども、カイウラニ王女の穏やかな暮らしは長くは続きませんでした。

一八九三年一月十七日、リリウオカラニ女王は国王の座から退位させられ、ハワイ王国は終わりを告げました（詳しくは次の章でお話しします）。そして、一八九八年八月、ハワイがアメリカに併合されたという悲報を受けて、カイウラニ王女は崩れるように病に倒れました。リヨは王女の病床から片時も離れず、必死に看病をしましたが、王女にはもう生きようという意志がないかのようでした。そして一八九九年三月六日、薄幸の王女は、一夜の嵐と共に、二十三歳の短い生涯を閉じたのでした。リヨは王女の話をする時、涙が流れるのを止めることはできませんでした。彼女は王女からいろいろな贈り物を頂きましたが、一番大切にしていたものはハワイ王朝が初めて鋳造した二十五セント銀貨でした。それは王女の形見として、いまもリヨの子孫たちによって受け継がれているはずです。

さて、ここでもう一度、砂糖耕地の話に戻って、一つ付け加えたい事があります。それは「ホレホレ節」のことです。「ホレホレ」とは前に書いたように砂糖黍の枯れ葉を取り除く仕事のことですが、「ホレホレ節」とはこの作業をしながら歌われた歌の事です。誰が、何時、歌詞を考えたのかは分かりませんが、かなりたくさんの歌詞が残されています。耕地での暮らしや、故郷への思い、これからの身の振り方など、生活に密着したものが殆どで、彼らの気持ちが率直に伝わってきます。

国を出るときゃ　笑顔で出たが　今日もカチケン　生地獄
（カチケンとはカット〈cut〉とケイン〈cane〉を略した言葉）

ハワイハワイと　来てみりゃ地獄　ボーシが閻魔で　ルナは鬼
（ボーシとはボスのことで耕地のオーナーを指す）

行こかメリケンヨー　帰ろか日本　ここが思案の　ハワイ国
（メリケンとはアメリカ本土のこと）

これらの歌はおそらく広島か山口の民謡か舟歌のメロディーにのせて歌われたものと思われます。そして初めはただ仕事をしながら歌われるだけのものだったと考えられますが、後に「耕地スタイル」と「お座敷スタイル」とに分けられるようになります。「耕地スタイル」はそのまま耕地で歌われたものを継承し、「お座敷スタイル」は耕地での契約を終えた労働者が町に出て、種々の仕事についたり、自営業を始めたりして日本人街を作り、その中に作られた料理屋のお座敷で、芸者たちによって歌われたものといわれます。こちらの方は小唄風にアレンジされ三味線などの伴奏がついたようです。後に日系二世のハリー・浦田は各地をまわり多くの「ホレホレ節」を録音し、まとめてコンパクト・ディスク（ＣＤ）に保存しました。その録音は現在スミソニアン博物館に寄贈され保存されています。なおコンパクト・ディスクに録音されて、ハワイで発売されたものに日系人歌手のアリソン・アラカワが歌った『ホレホレ節』（M&H Hawaii　２０００年）があります。

さて話を移民に戻します。一八九四年になると「官約移民」は終わりを告げ、所謂、「私約移民」の時代になります。そのきっかけには、大きく二つの事態が関与しています。一つは、日本政府がこの年朝鮮の内紛に事を発した「日清戦争」に対処しなければならなかった事です。戦争の為に政府は全力を注がなければならず、とても煩雑で時間のかかる移民の事に手はまわらず、又、船を必要としたので移民船を出すことも困難になった為です。対するハワイ側も次の章で説明するように、一八九三年にハワイ王国が滅亡し、これまでの国と国との条約を維持することはできなくなり、「官約」とは言えなくなったからです。そこで明治政府はこの移民事業を民間の移民会社に任せる事にしました。この時までに、いくつかの移民会社が設立されていて、ハワイ以外の国への移民も手掛けていました。政府は移民事業を民間の移民会社に任せるにあたって、「移民保護規則」や「移民保護法」を公布して、移民事業が勝手な方向に進まないように規制をしました。しかしながら、出稼ぎ労働者の数は増え続け、それに伴い移民会社の数も増え続けたのです。

一九〇〇年には、ハワイがアメリカ合衆国の属領となりました。そして、アメリカの法律が施行されるようになったのです。アメリカの法律ではいわゆる「契約労働」は禁止されていたので、砂糖耕地の労働者は、今までのように、三年の契約に縛られる事がなくなりました。その為、今までにもまして、日本人が職を求めてハワイへ渡航、同時に、ハワイでこれまで契約に縛られていた労働者も、契約を解かれて自由な雇用が受けられるようになりました。そして、彼らの多くが、より労働条件の良いアメリカ本土へと移り住んでいきました。一九〇〇年から一九〇八年の間に、ハワイへ渡航してきた日本人は七万一千人といわれています。その内の多くがアメリカ本土に移住したと考えられます。

ところが、これほど多くの日本人がハワイ及びアメリカ本土に移住することで問題が起きてきました。まずハワイでは、これまで移民から悪質な手段で金を搾り取ってきた京浜銀行が、日本人の保護団体（中央日本人会）から非難の攻撃を受け、日本政府からの調査もあって、ついに閉鎖されてしまいます。ついで、それまでさんざん種々の手段で金儲けをしてきた移民会社の代理人たちも日本へ引き揚げていきました。また、アメリカ西海岸でもあまりにも増えた日本人への反感が強まってきていました。何故なら多くの日本人労働者が、それまで働いていた人々から仕事を低賃金で奪うという事態になったからです。

こうした日本人移民の問題は、ついに日本政府とアメリカ政府の間で議論されることになり、一九〇八年に両国の間で「紳士協定」が締結されるに至ります。この協定は日本からの渡航者を厳しく制限するもので、ハワイ在留日本人の家族、再渡航者、写真結婚者、各種専門家、一時旅行者を除いて、全ての日本人の渡航が禁止される事になりました。

こうして新規移民の入国ができなくなると、これまで日本に帰らずハワイでもう少し働こうか、本土に行こうかと迷っていた独身の男性はとにかく生活を落ち着かせたいと思い、制限されていない家族、つまり写真結婚をした妻を呼び寄せることにしたのです。これがいわゆる「呼び寄せ時代」の始まりです。この時代に「写真花嫁」としてハワイにやって来た女性は二万人以上と言われています。こうして新規の移民は制限されたものの、状況はあまり改善されず、ついに、一九二四年に「排日移民法」が制定されるに至りました。これによって、日本からの移民の流れに終止符が打たれたのです。実に、この時までに、ハワイに渡航した日本人は二十一万八千人にのぼり、この内、日本に帰国した人は二割、アメリカ本土に移住した人三割、約五割がハワイに残留したと考えられます。一九二四年のハワイの日本人の数は、誕生した二世の日系人を含めて、十一万六千六百十五人で、人口の約四十二パーセントを占めるまでになっていました。

ホノルル市モイリイリ地区にある「ハワイ日本文化センター」ではこうした日本人移民の歴史を保存、共有、そして後世に伝えるために「日本人移民歴史展示室」を開設しています。この展示室にはハワイの日本人移民の歴史、砂糖耕地での生活の様子、使われていた家具や道具に加えて、その後の日本人の生活や「日本人学校」の様子等が展示されています。加えて太平洋戦争によって受けた日本人、日系人の苦しかった記録の映画も上映しています。事前に予約をしておけば日本語のガイドも依頼することができます。ホノルルにいらした折にはぜひ立ち寄られる事をお勧めします。

ハワイ日本文化センター

Japanese Cultural Center of Hawaii
2454 South Beretania Street, Honolulu,
Hawaii 96826

（著者撮影）

11 リリウオカラニ女王

―ハワイ王国を守りきれなかった波乱の人生―

ハワイ王国最後の君主となったリリウオカラニ女王の銅像は現在のハワイ州庁舎の後ろにひっそりと建てられています。訪れる人も少ない小道の側に静かに佇む像からは彼女の波乱の人生を推測するのは難しいほどです。

リリウオカラニ女王は一八三八年九月二日、父カパアケアと母ケオホカロレの長女として生まれ、リリューと

リリウオカラニ女王の銅像

(著者撮影)

名づけられました。カラカウア王の妹ですが、生まれてすぐ慣習にしたがってアブナー・パキとコニアのもとへ養女に出されました。この夫妻の娘がバーニス・パウアヒなので、彼女と姉妹関係になったわけです。養女になってすぐに洗礼を受けリディア・パキと呼ばれるようになります。リリウオカラニという名前はのちにカラカウア王が彼女を次期国王と指名した時につけたものです。彼女は四歳になった時に、「ローヤル学校」に入学しました。この学校は寄宿制の学校だったので彼女は初めとても寂しい思いをし、また、英語は全く分からなかったので、教科書を逆さにもって笑われたりしました。けれども彼女は授業をきちんと受け、一日六時間の間熱心に勉強をしました。また、この学校で学んだキリスト教の教えが、一生彼女の精神的な支えとなりました。彼女は音楽が得意で幼い時から父親のパキにハワイの歌を教わり、音楽が自然と身についていました。歌も上手で、ピアノも弾けるようになり、徐々に英語も覚え、まもなく他の子供たちと英語で会話ができるようになりました。

実は、彼女はこの学校に通っている時に、後の夫となるジョン・ドミニスに出会ったのです。ジョンの父親はイタリア人の船長で母はボストン生まれのアメリカ人でした。ホノルルに移住したドミニス船長は中国やカリフォルニアとの貿易船に乗っていましたが、一八四〇年代のある日に、船が遭難して帰らぬ人となりました。ジョン少年は真面目で、ほっそりした、鼻の高い利発そうな目をした子供でした。彼は「ローヤル学校」の隣にある、普通の子供たちの通う学校に通っていたのですが、ある日、隣の「ローヤル学校」との境にある塀に登って腰掛け、バナナを食べながら隣の学校の様子を眺めていました。そこへ、小さなリディアが彼を見つけてやってきたのです。彼女はその時お腹が空いていたので、ジョンのバナナを見て食べたくなり、じっと彼の食べているバナナを見つめました。ジョンは、そんな彼女を見て、そっと周りを窺った後、塀から飛び降りると、ズボンのもう一方のポケットからもう一つバナナを取り出し、彼女に差し出しました。彼女はサンキューと言うのも忘れて、バナナの皮も何もかも、皆食べてしまいました。食べ終わった彼女はやっと彼に微笑みかけ、何と言っていいか分からず、草の上に座り込んでしまいました。ジョンもそれに倣って草の上に座り、又ポケットに手をいれて貝殻の首飾りを取り出し彼女に見せたのです。


「まあ、綺麗ね」

「これは僕がお母さんの為に作ったんだ」

「どこで貝殻を手にいれたの？」

と言いながら彼女は首飾りを自分の首にかけました。

「ヌウアヌ渓谷だよ。あそこには貝殻が沢山あるんだ」

「本当に綺麗ね。こんなレイをかけたいわ」

「これはお母さんのだから、君には別のを作ってあげるよ。ところで君は本当に王女様なの？」


リディアが何と返事をしようかと戸惑っていると、突然学校の方から法螺貝を吹き鳴らす音が響き渡り、二人ははっと我に返り、リディアは首飾りを着けたまま学校へ駆け戻り、ジョンも大慌てで塀をよじ登って向こう側へ飛び降りたのでした。その後も二人は何度か塀の上と下で話をし、ある日、リディアが学校のピクニックでヌウアヌ渓谷へ行った時に、ジョンもやってきて二人で貝殻を夢中になって集めたのでした。しかし、その後、「ロイヤル学校」は閉校となり、彼女は違う学校に通うようになり、ジョンと会う事も無くなったのです。そして、長い時が流れました。けれども、二人の運命の糸が切れる事はありませんでした。

その後、彼女は成人するにしたがって、王族としての様々な任務、催物への参加などが頻繁にあり、忙しい日々を送ることになりました。一方ジョンは、その後すぐに、父のドミニス船長が航海に出たまま帰らず、母親との二人暮らしを続けていました。彼は生活の為に、一時ゴールドラッシュに沸くサンフランシスコへ出かけた事もありましたが、またホノルルに戻り、船会社相手の雑貨店を開き、父の建ててくれたワシントン・プレイス（現在は州知事の邸宅になっている）に住んでいました。彼は誠実な人柄で白人からもハワイ人からも好かれ、リホリホ王子とも親交がありました。一八五五年にリホリホ王子が王位を継承してカメハメハ四世となり、兄のロット（後のカメハメハ五世）が内務大臣となった時に、彼は幕僚の一員として迎えられ、将官の称号を授かりました。

王位に就いたカメハメハ四世が、一年後にエマ・ルークと結婚することになった時、リディアは花嫁の付き添いに選ばれました。そして式後の披露宴で、彼女は思いがけなく、今は立派な青年将校となっているジョンが隣に座っているのを見出したのです。彼は背が高く、色白で、口ひげをはやし、黒い髪と鋭い目が際立っていました。それでいて、性格は真面目で思いやりがあり、良識のある人間に成長していました。彼女は、彼が新しい制服が良く似合い、本当に格好が良いと思いじっと見ていると、彼も彼女を眩しそうに見つめ返すのでした。パーティーが終わって帰りの隊列の中で、彼は彼女の側へ馬を進めて行きました。しばらくの沈黙の後で、彼女は尋ねました。

「まだ貝を集めていらっしゃるのですか？」

彼はくすっと笑って答えました。

「実は私も同じ事を考えていたのです。あれから僕は何百という貝を集めましたが、ここ数年は集めに行っていません」

「私はあなたに初めてお会いした時に頂いた数個の貝しか持っていません」

「頂いたですって！　小さな海賊さん、あれはお母さんの物だったのに、あなたは首にかけて持って行ってしまったのです」

そして二人は声を出して笑ったのでした。ところがその時、突然後ろから別の馬がいきなりジョンの馬にぶつかってきて、彼は路上に投げ出されてしまったのです。吃驚した彼女は彼に医者に行く事を勧めましたが、彼は大丈夫ですと言って帰っていきました。しかし、実は彼は足を骨折していて、家に帰ると赤く腫れあがって立ち上がれないほどでした。

その為、暫く外出できなかった彼は持っていた貝のなかから一番綺麗な物を選んで糸を通し美しいレイにして彼女に贈りました。彼女はお見舞いのカードやケーキ、花等を贈り、彼からレイと一緒に送られてきたカードを何度も読み返すのでした。

「ハワイ中で一番美しい花のようなあなたへ」
貝はあなたの為に歌い、花々はあなたの為に咲き誇る。
虹はあなたの為に空に架かり、私の心はあなたの為に高鳴る。

けれども二人の思いはすぐには結ばれませんでした。リディアには王族としての地位と責任があり、当時ウィリアム王子（後のルナリロ王）との婚約が進められていたのです。ウィリアム王子には健康に問題があるとか、酒癖が悪いとかの噂があり、彼女は、少し考えさせてくださいという手紙を出していたのですが、何故かそれは彼のもとに届かず、結局、婚約の運びとなってしまったのです。ホノルルで二人が結婚式の日取りを決めるためのパーティーが開かれましたが、カメハメハ四世とエマ王妃は出席しませんでした。実は二人はこの結婚に反対だったのです。国王夫妻の欠席に腹をたてたウィリアム王子は、不満をぶつけるかのように、海軍兵と一緒になって大量のお酒を飲み、ついに泥酔してしまい、結婚式の日取りの発表のことも全く忘れてしまったのです。彼女は激しい怒りと惨めさに包まれ、パーティー会場から逃げるように帰宅し、その後すぐに婚約を破棄しました。

　ふさぎ込んでいる彼女を姉のバーニスが誘ってハワイ島へ旅行したりしましたが、リディアが事あるごとに思い出すのは、やはり優しくて礼儀正しいジョンのことでした。そして二人が再び会う事ができたのは一八六〇年、カメハメハ四世の可愛い一人息子アルバートの二歳の誕生日パーティーでした。ジョンはその場で彼女に最初のダンスを申し込み、何度も何度も踊り続けました。そして二人だけになる機会を見つけて、離れていた間どんなに寂しかったかと、お互いに打ち明けあったのです。夜明け近くまで踊り続け、疲れきって帰宅して眠りについた彼女のもとへ、翌朝、彼からの手紙が届きました。それは彼の心からの愛に満ちた手紙でした。彼女は胸がいっぱいになり、どうしても上手く返事を書くことができませんでした。そして、彼女がやっと書いたのは、「親愛なるジョン、今晩会いにきて頂けるでしょうか？」の一行だけでした。もちろん、すぐにその日の夕方訪ねて来たジョンを客間で出迎えた彼女は、ただ、「ジョン」と言ったきり彼の肩に頭をのせ、彼は彼女を優しく抱きしめたのでした。それ以上もう何も言う必要はありませんでした。そして、その後まもなく二人は婚約を発表したのです。

　けれども、結婚は二年先にまで延ばさなくてはなりませんでした。その理由は主にジョンの母親のドミニス夫人の反対の為でした。夫人はボストンに残してきた二人の娘が若くして亡くなった事と、夫が航海に出たまま帰らない事などの心労が重なり、息子のジョンだけが頼りでした。だから彼が結婚すると、彼を嫁に取られてしまうという思いが強かったのです。息子のジョンも嫌がる母を押し切って結婚することには躊躇があったのです。そうこうする内に、二年の月日が経ってしまい、とうとうジョンが決断して、一八六二年の九月に挙式を挙げる事になりました。けれども、リディアにとって、結婚して暮らし始めたワシントン・プレイスでの、ドミニス夫人との生活は決して楽しいものではありませんでした。

そして、一八七七年に次期王位継承者となったリディアの人生は、国と運命を共にする道へと突き進むことになります。一八八一年、カラカウア王が世界一周の旅に出かけている間、彼女は後を任されていました。何も起こらない事を祈っていたのですが、まもなくホノルルで天然痘が流行し、死者が三百人にも及ぶ大惨事となりました。またハワイ島のマウナロア火山の活動が活発化し、住民の安全を脅かし始めました。その上、彼女は落馬して背中を激しく打ち三ヶ月の療養を余儀なくされたのです。その年の暮れに、カラカウア王が旅行を終え帰国、一八八三年に盛大な王の戴冠式が行われました。ところがその後、彼女は自分が心から大切に思っている人々、ルース王女、バーニス・パウアヒ・ビショップ、エマ王妃、そして年下の妹のリケリケ王女までが次々と亡くなるという悲劇に見舞われます。悲しみのあまり引き籠もってしまった彼女でしたが、悲しんでばかりいることはできませんでした。

一八八七年カラカウア王の要請で、彼女はカピオラニ王妃に同行して、英国のヴィクトリア女王の即位五十周年の式典に参列する事になりました。総勢十七名の一行はサンフランシスコ経由でワシントンへ行き、彼女はホワイトハウスでクリーブランド大統領に会い、親しく話すことができました。ロンドンでの式典は多くの国の代表者が参加し、盛大に行われました。この時、日本からの代表者の中に小松宮殿下（以前の山階宮殿下。カイウラニ王女の婚約者候補と名指された方）も出席していることを知って、彼女は大いに驚きました。ところが式典の後、ホテルに戻ると、ハワイからクーデターが起きたというとんでもない知らせが入っていたのです。一行は大急ぎで帰国の途につきました。と言っても航空機のない時代なので、船と列車を乗り継いでやっとハワイに到着したのは七月二十六日のことでした。出迎えたカラカウア王の顔色はすぐれず、脅されて「銃剣憲法」に署名させられたすぐ後である事が分かりました。そして体調を崩した王は療養の為、サンフランシスコに赴きましたが、その甲斐もなく、一八九一年一月二十日に病没したのでした。

彼女は悲しみにくれる暇も与えられず、直ちに王位に就くことを要請され、まだ兄の棺の安置されているイオラニ宮殿で即位の式が行われました。翌日、彼女は閣議を招集したのですが、あまりに勝手な事をいう閣僚たちに腹をたて、全員に辞表を提出するように要請したのでした。その後、新しい王の常として各島を巡り、視察もしなくてはなりませんでした。しかしその間に、夫のジョンのリウマチが悪化して、彼はもうベッドから起き上がれなくなっていたのです。一八九一年八月、高熱と全身の関節に広がった痛みの中、ジョンは短かった五十九歳の生涯を閉じました。これから王国の難局に立ち向かわなくてはならない妻を残して逝くことは、彼にとって実に心残りであったと思われます。そして、リリウオカラニ女王は、一人取り残され、歴史の荒波に立ち向かい、翻弄されることになるのです。

彼女が王位に就いた時、ホノルルの社会的状況はかなり不安定なものになっていました。すでに、いろいろな党や組織が結成され、入り乱れて存在していたのです。それらは、王政の腐敗を粛正しようというもの、王政を排して共和制に移行させようというもの、アメリカの植民地にしようというもの、さらに一歩進んでアメリカに合併させようというものなどでした。これらに対して、王政を維持しようとする「国家改革党」は選挙権のないハワイ人や反米派の人で構成されていました。こうした混沌とした状況のなかで、王国には財政赤字、米国の法改正による砂糖産業の大損失、中国人によるアヘン売買等、問題が山積していました。この中、一八八八年にアメリカ本国で大統領選挙があり、民主党で海外拡張には反対だったクリーブランド大統領が、共和党のベンジャミン・ハリソンに僅かの差で敗れたのです。ハリソン大統領は在任中に西部六州を連邦に加え、南太平洋のサモア諸島を保護領にするなど、国家の拡充をめざしていました。当然、彼はハワイにも目をつけ、太平洋の海軍基地にしたいと考えていたのです。

一方、リリウオカラニ女王の元へはハワイ人から選挙権のない事を不当とする多くの請願書が届けられていました。当時ハワイの人口の内訳はハワイ人及びその混血は約四万一千人（人口の約四十五パーセント）で、白人は一万九千人（二十五パーセント）、その他（三十パーセント）でした。女王もカラカウア王が強制的に署名させられた憲法を不当として、これを廃棄し新しい憲法を作るべく、原案を自分で書き専門家たちに検討させていました。新しい憲法では、白人であっても市民権を持っていない者には選挙権を認めず、ハワイ人の有権者の割合を高めるようになっていました。一八九三年一月十四日。女王は臨時閣僚会議を招集、新憲法を認める署名をするよう強硬に申し出ました。しかし、閣僚は皆顔を見合わせ、あまりに性急で唐突ではないかと渋り、時間だけが過ぎていきました。女王は、苛立ち蒼ざめた顔でバルコニーに立ち、外で新憲法の発布を待ち望んでいた大勢のハワイ人たちに延期しなければならないと告げたのです。ハワイ人たちはいきり立って、「邪魔をした閣僚を殺してしまえ」と叫んだのですが、女王が必ず新しい憲法を実施すると、声をあげて約束したので大きな拍手が鳴り止みませんでした。

アメリカ人の実業家で政治家でもあるローリン・サーストンが一八九二年の初めに組織した「合併クラブ」は、表向きは「女王が現行の憲法に反し、専制政治に戻ろうとするような行動を取った時の為に」それを阻止するというものでしたが、もちろん真の意図はアメリカとの合併でした。彼はハワイ在住のアメリカ公使ジョン・スチーブンソンと密接な関係を保ち、米国国務長官のジェームス・ブレーンにも働きかけていました。一八九二年三月に、彼はスチーブンソンの書状を携えてワシントンに行きブレーンに会った上、ハリソン大統領にまで合併の奏上をしていたのです。この日、一八九三年一月十六日、「合併クラブ」は「公安委員会」を発足させ、白人市民中心の大集会を開きました。これに対して、ハワイ人側も対抗して、同じ日に大集会を開き、女王の新憲法を支持する決議をします。どちらも一千名を超える大集会でホノルルの街は騒然とした空気に包まれました。しかし幸い両方の集会は衝突することなく散会したのですが、実は、サーストンはすでにアメリカ公使スチーブンソンを通じて、アメリカ人の生命及び財産を保護するという名目で、折から停泊中のアメリカ巡洋艦ボストン号に海兵隊の出動を要請していたのです。集会が終わった後に、百六十四名の海兵隊が上陸してきました。艦長からできるだけ中立を保つようにと言われていたにもかかわらず、海兵隊員は、前もってスチーブンソンが借りておいたアリオン・ホールで待機しました。このホールは現在は郵便局がある場所にあったもので、政庁舎アリイオラニの隣、イオラニ宮殿のすぐ前のオペラハウスの裏にありました（スチーブンソ

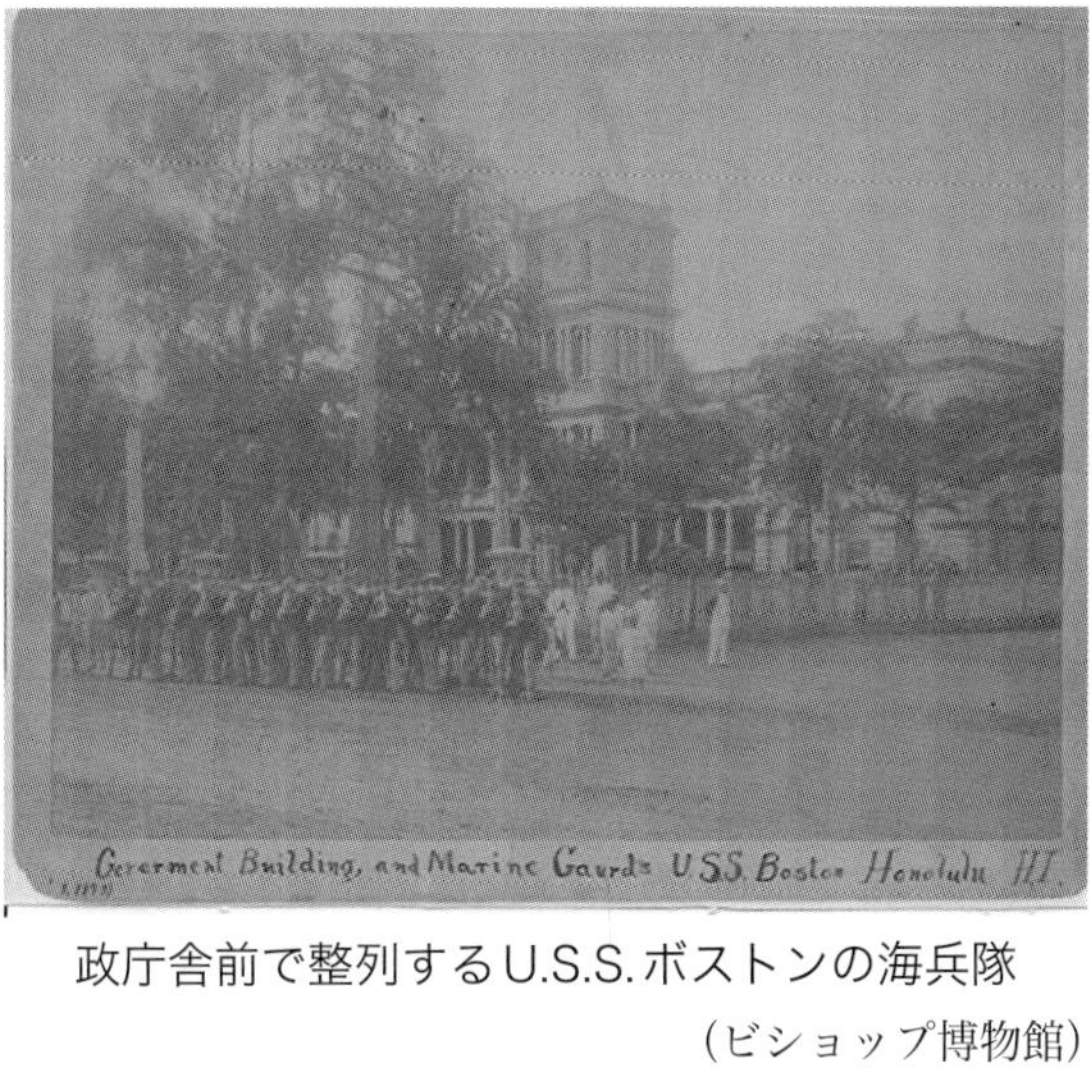

政庁舎前で整列するU.S.S.ボストンの海兵隊
（ビショップ博物館）

ンは本当はオペラハウスを借りたかったのですが、持ち主に断られ、やむなくその後ろにあるアリオン・ホールを借りたのです）。その後、海兵隊員が政庁舎の前で整列する様子が撮影されています。

そして、この日の夜、サーストンは公安委員会の会合で熱弁をふるい、臨時政府樹立を宣言し、この委員会には入っていなかったサンフォード・ドール最高裁判事を担ぎ出して首班を引き受けさせたのです。

一八九三年一月十七日。公安委員会は政庁舎を占拠、集まった白人たちの前で、ハワイ王政は廃止、臨時政府樹立、アメリカとの協力、女王とその閣僚の解任等の宣言を読み上げました。そして、この臨時政府はアメリカとの合併までの暫定的な政府であると述べたのです。しかし、女王はこれを即座に否定、抗議文を送りました。ただ、彼女が一番恐れていた事は、双方が武力行使に出る事で、人々の血が流される事でありました。又、彼女はアメリカの海兵隊が上陸したことで、背後にはアメリカがあると思い、アメリカ政府がその非を認めて自分を君主の座に復権させるまで、「いったん自分の権限を放棄します」と抗議するにとどまりました。彼女の頭にあったのは、一八四三年に英国人のポーレット卿がハワイを乗っ取ろうとした時に、英国が事態をよく調査して、カメハメハ三世の王権を復帰させてくれた事でした。

　臨時政府はすぐに使節団をワシントンに送り、「合併条約」を取り結ぼうとしたのですが、その条約が批准される前に、ハリソン大統領が敗れて、再びクリーブランドが大統領になった為に、事態は停止状態となりました。何故なら、クリーブランド大統領はハワイ王国の合併には反対の意見であったからです。大統領はジェームス・ブラウントを特使とした調査団をハワイに送り込みました。ブラウントは国際関係に認識の深い人物で、ホノルルに到着すると、まず政庁舎のアメリカ国旗を降ろさせ、海兵隊に母艦に戻るように命令しました。臨時政府の言うように、ハワイがアメリカの領土である、とは考えられないと判断したからです。彼の大統領への報告書は、「今回の政変は一部の白人が自分たちの利益を保護するために行った不正な陰謀である」というものでした。クリーブランド大統領はこの報告に基づいて、直ちに女王を復権させようとしました。

　けれども、実情はそんなに簡単なことではありませんでした。スチーブンソンに代わって、ハワイに派遣されたアメリカ公使アルバート・ウィリスは女王の復位を実現させ、臨時政府を退場させるようにと言われていました。しかし彼が行った女王との会見は、誤解によって、思わぬ悪い結果を招いてしまったのです。会見は三回行われたのですが、その一回目の時に、ウィリスは女王にこう尋ねました。

「貴方は復位された折には、寛容なるお気持ちで、貴方の政府に反逆を企てた人々に対して恩赦を与えますか？」

「それは閣僚たちに相談しなければなりません。恩赦は私の権限を超えています。この国の法律では反逆罪は死刑です」

「それでは、貴方は反逆者は財産没収の上、斬首の刑に処するというお気持ちなのですね？」

「はい」


この時、本当に彼女が「はい」と言ったのかどうかは、はっきりとは分からないのですが、とにかくこの時の「斬首の刑」という言葉が大々的に報道され、彼女のイメージが最悪のものとなってしまったのです。彼女は、この後二回の会見で、「自分は死刑とは言ったが斬首とは言わなかった。自分としては、死刑よりも財産没収の上、国外追放に気持ちは傾いている」と言い直したのですが、すでに後の祭りでした。この後、ウィリスは大統領に「女王は反逆者の恩赦をし、財産没収もしないと約束している」という報告をして、大統領も議会で「アメリカのハワイへの干渉は不当なものである」と演説したのです。

しかし、臨時政府の人々の頭には「反逆者として財産没収、斬首」という誤った報道がこびりついてしまい、女王や大統領の本当の気持ちは伝わりませんでした。彼らの特使への回答は「過ちが行われたとしても、それはアメリカ政府の出先機関のやった事であり、アメリカ軍隊のとった行動も臨時政府とは無関係である。さらにクリーブランド大統領こそ内政干渉である」というものでした。失望した大統領は以後の対応を国会の討議に任せる事にしてしまいました。この年、アメリカは深刻な不況に見舞われており、各地でストライキが頻発して大変な状況でもありました。また議員の中には大統領の政策に反対する合併推進派も多かったのです。臨時政府はとにかく現時点での合併は難しいと考え共和国の設立を決めます。一八九四年七月四日、サンフォード・ドールはイオラニ宮殿で新しい共和国の宣言をします。新憲法を定め、選挙権は高額財産所有者のみ、また公職に就きたいものは新政府を支持し、王政復活には協力しないと誓わなければなりませんでした。

しかし、ロバート・ウィルコックスを中心とした王党派は新政府を受け入れることはできませんでした。女王はどんな時にも武力を行使することには反対でしたが、不満が沸騰点に達していた彼らを制止することはできませんでした。二百名ほどの王党派が決起し、警察署や電話局を占拠し、共和国政府と銃撃戦になり、数日間の戦闘が続きました。けれども、王党派は敗れ、王政復活は失敗に終わったのです。この間、女王は何も知らずにワシントン・プレイスにいたのですが、この反乱の首謀者として疑われ、逮捕されてしまいます。彼女はイオラニ宮殿へ連行されその一室に幽閉されてしまいました。同時に、ジョナ・クヒオ王子、ディビッド・カワナナコア王子をも含む王室関係者等、二百名以上の者が逮捕されました。

数日後、何も知らされずに、一人囚人の生活を強いられ、不信感に陥り、疲労が極度に達していた女王のもとへ、政府の司法長官がやってきて、彼女に退位を承諾する書類に署名するように迫ったのです。孤独で相談する人も無く、衰弱しきっていた彼女は「貴方が署名すれば二百名の死刑囚は釈放されます。でも拒否すれば、リーダーの六名は直ちに死刑を執行されます」という脅しに屈し、リリウオカラニ・ドミニスなどという実在しない名前で署名したのでした。後に、彼女は五千ドルの罰金と五年間の重労働という有罪判決を受けますが、刑が執行されることはありませんでした。

長引く幽閉生活の中で、少しずつ自由が利くようになった彼女は、ギターやオートハープの使用を許され、悲しみに満ちた別れの曲である『アロハオエ』を静かに奏でたりしました。共和国政府はもはやハワイ人の王政復活の動きはあるまいと思ったのですが、未だに女王には多くの人々の同情が集まっていることを知って、なかなか彼女の釈放を決めかねていました。やっと八ヶ月を過ぎて、彼女は釈放されました。彼女はしばらくワシントン・プレイスとワイキキの隠れ家で静かな時を過ごしていましたが、どうしてもクリーブランド大統領に会いたいと思い、ドール首相に旅行の許可を願い出て許されました。

一八九六年の暮れ、彼女はアメリカに向けて出航、サンフランシスコ、ボストン、ナイアガラの滝を経てワシントンに到着。クリーブランド大統領夫妻に面会しました。彼女は「大統領の取られた行動に感謝します。アメリカとの合併法案が成立しないことを望んでいます」とだけ言って、沢山の王党派の人々からのメッセージを手渡すだけに留めました。彼女は、結局、一年以上もアメリカに滞在して五千人以上の人々に会い、王朝の正当性を訴えて、合併を思い留まらせようとしましたが、翌年には共和党のマッキンレーが大統領になり、クリーブランド大統領の時代は終わりを告げたのです。

一八九八年二月、ハワイから遠く離れたところで起きた出来事が、ハワイの運命を決めることになったのは、不思議な巡り合わせとしか言えません。実は、以前からスペイン領キューバではキューバ人の独立運動が始まっていたのですが、そんな中、アメリカ人の生命と財産を守るという目的でキューバに派遣されたアメリカの戦艦メイン号がハバナ港で爆沈され二百五十二名の乗員が死亡するという大事件が起きました。マッキンレー大統領は、初めは平和的解決を目指していたのですが、キューバに投資している資本家と世論に押されて、ついにスペインに宣戦布告をしました。

いざ戦争が始まると、キューバだけでなく、スペイン領のグアムも、フィリピンも戦場となり、やがてアメリカ軍の占領するところとなりました。こういった情勢の中で、ハワイの太平洋上における位置が、軍事上、通商上の重要拠点になる事が一挙に注目されることになったのです。七月には、早くも「ハワイ合併法案」が可決され、大統領によって署名されるに至りました。合併の式典はイオラニ宮殿で行われ、その招待状がドミニス夫人(元リリウオカラニ女王ではなく)にも送られてきました。当然、式典に集まったのはハワイ人以外の人々でした。ハワイ人にとって、ハワイの旗が降ろされて、アメリカの国旗が掲げられるのは耐えられない事でした。ハワイ人は、この日、家に閉じこもってシャッターを降ろし深い悲しみに耐えていました。アメリカから来た白人たちは、ハワイ人が示した親切な歓迎の気持ちを裏切ったばかりでなく、その上、ハワイ王国を略奪したのです。

リリウオカラニ女王は、その後、ワシントン・プレイスで余生を送り、一九一七年十一月十一日、静かに永遠の眠りにつきました。波乱に満ちた七十九年の人生でした。彼女の遺体はホノルル市ヌウアヌ街の王家の墓所に安置されています。

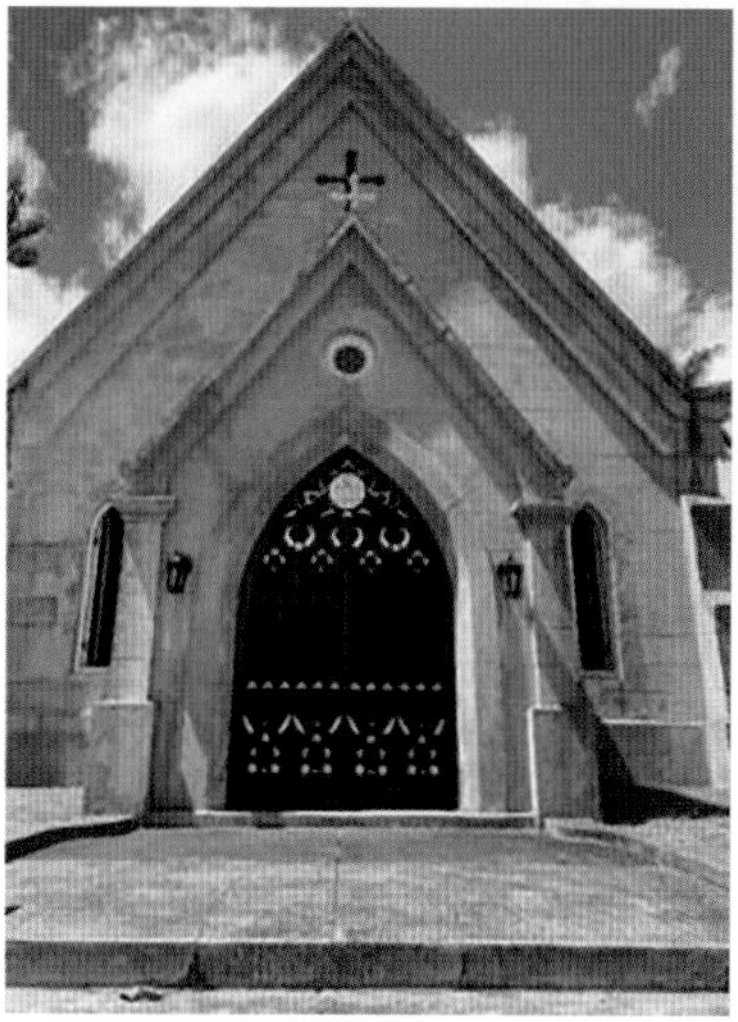

ヌウアヌ街にある王家の墓所

（著者撮影）

12 そして、今、ハワイは……

一八九八年七月にアメリカ合衆国議会によって通過された「ハワイ合併法案」によって、ハワイは合衆国の領土（Territory of Hawaii）とみなされることになりました。けれども、ハワイが、この時はハワイ共和国でしたが、それに賛成したわけではなかったので、正式には一九〇〇年に制定された「根本法」（Organic Act）がマッキンレー大統領によって署名されるまではサンフォード・ドールが共和国の大統領としてハワイを治めていました。六月に「根本法」が施行されて、ドールが初代知事となり、ハワイは合衆国の傘下にはいり、その法律に支配されることになりました。もちろん、ハワイ人の多くが合併には反対で、三万八千人以上が署名した嘆願書が出されましたが、法律の発効を阻止することはできませんでした。こうして、ハワイの市民は自動的に合衆国の市民となったのですが、この時、砂糖耕地などで働いていた日本人はハワイの市民ではなかったので合衆国の市民にはなれませんでした。ただ、彼らのハワイ生まれの子供たちは市民権を得ることができました（その後もハワイに住み続けた日本人は一九五二年になってやっと市民権を得ることができるようになりました）。

ところで、この政治の変革とは全く関係はないのですが、一八九九年の末にホノルルのダウンタウンで大火事が発生しました。きっかけは中国人が密集して暮らすダウンタウンのある家でペスト患者が出たことでした。当時ペストは治療法のない死に至る伝染病として恐れられていました。恐怖のあまりパニックに陥ったホノルルの衛生局はその家を燃やすことにしたのです。もちろんその家一軒だけを燃やすつもりでしたが、折からの強風に煽られて、火はあれよ、あれよという間に燃え広がり、手を尽くすすべもないままダウンタウン全域に広がってしまいました。

この大火事によって、ダウンタウンに住んでいた多くの中国人は他の地域に移り住みましたが、日本人は残り、徐々に店を開店したり、銀行を設立したりしたので、この一帯は

1899年のホノルルダウンタウンの大火事
（WIKIMEDIA COMMONS）

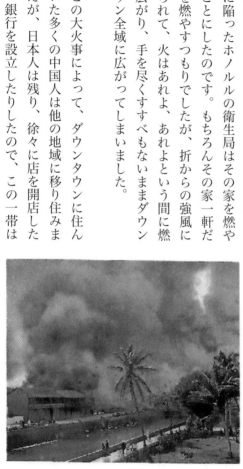

日本人街の様相を呈してきました。今はその面影は殆どありませんが、ほんの一部にまだ当時の建物が残っています。昔に思いをはせながらダウンタウンを歩いてみるのも一興です。

そして、カイウラニ王女がワイキキの浜辺から毎日やさしい眼差しで見ていたダイアモンドヘッドは、今はどんな様子でしょうか。まずは一九二〇年頃の写真をご覧下さい。

静かな浜辺には人っ子一人見かける事も無く、ただ寄せては返す波が何時までも繰り返されていました。ダイアモンドヘッドもその姿を海に映して静かに佇んでいます。静寂に満ちた時代でした。

それが今はどうでしょう。ハワイは今や世界でも有数な観光地となり、毎日何千という数の

1920年頃のワイキキの浜辺から見たダイアモンドヘッド
(ハワイ州古文書館)

観光客が訪れる場所になってしまいました。
一体どうしてこんな事態になったのかは、又あと一冊本を書かなければ説明できないでしょう。というわけで、今は現在のワイキキの浜辺の様子を撮った写真を掲載するだけにとどめておきます。

いかがですか？　大きな時代の変化を感じられることと思います。時の流れは早く、目の前の景色はあっという間に変わって行きます。ただ眺めているだけでは、全ては記憶の彼方に消え去っていってしまいます。たとえ少しでも過去や現在の出来事を書き記すことによって、その記憶をほんの一部でも残すことが出来るなら、それが今私が一番願っている事なのです。

現在のワイキキの浜辺から見たダイアモンドヘッド

（2023年２月21日　著者撮影）

おわりに

この本を書こうと思い立ったのはもうずいぶん前のことです。ハワイに移住してもうすでに五十数年。初めの内は慣れないハワイの生活に戸惑う事も多く不安な毎日でした。けれども間もなく航空会社に職を得て、ホノルル空港を接客の為に駆け回る日が始まりました。そんな日々が六年ぐらい続いたでしょうか。その後、ワイキキにあったチケットカウンターに異動になり、数年後にダウン・タウンのリザベーション部に配属されました。そして、時の経つのは早いもので気が付いた時には三十九年の月日が経っていました。アメリカには定年退職という決まりはないのですが、さすがにもうそろそろ時間に縛られない自分の生活をしても良いのではないかと思い退職することにしました。仕事を辞めて一年ほどは家でぶらぶらする生活が続きました。けれども何もしなくて良いというのもすぐに飽きるものです。まだ自分にはできる事があるのではないかと思い、ボランティアの仕事を探す事にしました。私は以前から歴史に興味があったので、どこか、ハワイの歴史に触れることのできる場所はないかと探しているうちに、ハワイ日本文化センターに行きついたのです。ある日アポもなく訪れた私はここで思いもかけず、後に私のメンターとなるシゲさんこと吉武茂幸さんに出会ったのです。シゲさんは日系二世で四四二連隊にも所属していた方です。この頃はすでに退役して、日本文化センターやワイパフのハワイ・プランテーション・ビレッジ等でボランティア活動をなさっていました。この日シゲさんはセンター内にある日本人移民歴史展示室「お陰様で」の案内をする日本語ガイドの人たちのミーティングをしていたのです。さっそくミーティングに参加させてもらった私は、今まで知らなかったハワイの日本人移民の歴史を学ぶ事になりました。それは私が日本人移民だけでなく、ハワイの歴史にも目を向けるきっかけとなりました。その後、私は展示室の案内だけでなく、同じセンター内にある資料室でもボランティアをする事になり、ハワイの歴史、日本人移民の歴史等に関する多くの本を読む機会が出来ました。

その後数年、そうして得た知識を基にこの本を書こうという思いに至ったのです。「はじめに」でも書きましたように、私がこの本を書こうと思った理由はただ一つ、多くの人にハワイの歴史、日本人移民の歴史を知ってもらいたいという事です。思いは強くとも上手く書き表せないというジレンマはありましたが、試行錯誤しながら何とか書き終え、こうして本にして皆様のお手元にお届けすることができた事は本当に幸いだったと思います。

出版に際して多くの方々にお世話になりました。沢山の本の貸し出しにご協力頂いた文化センターのスタッフの皆様、ハワイ州古文書館で写真及び資料の提供にご尽力頂いた、シモニシ・メリッサさん、古い写真を見つけて送って下さった、ビショップ博物館のカキモト・クリスタルさん、大切な写真の提供にご尽力頂いたハワイ大学ヒロ校の本田正文先生、そして私のさまざまな質問に的確な助言を惜しまず最後まで協力をして下さった、高校時代の同級生で、今や既に、五冊もの著書を発刊している藤森靖充君、東京図書出版の皆様、私のペンネームにアイデアを提供してくれた妹の昌子ちゃん、写真撮影及びその編集に協力を惜しまなかった八幡ジェリーさん、皆様本当に有難うございました。心から御礼申し上げます。

参考文献一覧　BIBLIOGRAPHY

Basic Manual for Hawaii's Tour Guide, Tourism Training Council, Dept. of Labor and Industrial Relations, State of Hawaii

The Hawaiian Monarchy; Allan Seiden; Mutual Publishing, LLC, 2005

The Hawaiian Monarchy; Potter, Kasdon, Rayson; The Bess Press, 1983

The Hawaiian Monarchy; Maxine Mrantz; Mutual Publishing, 2019

Imingaisha; Alan Moriyama; University of Hawaii Press, 1985

Tales of Old Hawaii; Russ and Peg Apple Norfolk Island Australia, 1969

Six Months among the Palm Groves, Coral Reefs, and Volcanoes of the Sandwich Islands; Isabella Bird Bishop; Putnam's Sons, 1894

Stories of Old Hawaii; Roy Kakulu Alaneuda; The Bess Press, 1997

Pele and Poliahu-A tale of Fire and Ice; Retold by Malia Collins; BeachHouse Publishing, 2005

Pele, the Fire Goddess; Dietrich Varez; Bishop Museum Press, 1991

Princess Pauahi Bishop and Her Legacy; Kathleen Dickenson Mellen; The Kamehameha Schools Press, 1965

King of the Hawaiian Islands: Kamehaeha I; Lewis Miner; Julian Messner, Inc New York, 1963
Kamehameha III Kauikeaouli; Jean Iwata Cachola; Kamehameha Schools Bernice Pauahi Bishop Estate, 1995
Hawaii-A History; Ruth M. Tabarah; W. W. Norton & Company, 1980
A History of Hawaii; Leah Tau-Tassill, Linda K. Menton, Eileen H. Tamura; Third Edition; Curriculum Research & Development Group, University of Hawaii, Honolulu 2016

『ハワイの日本人・日系人の歴史』渡辺礼三　ハワイ報知社　１９８６年
『元年者移民ハワイ渡航史』山下草園　米布時報社　１９５６年
『「元年者」のおもかげ』山下草園　日本ハワイ協会　１９６８年
『アメリカ彦藏』吉村昭　新潮社　２００１年
『ハワイ王朝最後の女王』猿谷要　文藝春秋　２００３年
『ハワイ日本人移民史』ハワイ日本人移民史刊行委員会　１９６４年
『ホレホレ・ソング』ジャック・Y・タサカ　日本地域社会研究所　１９８５年
『私のジョン万次郎』中浜博　小学館　１９９４年
『ハワイ出稼人名簿始末記』山崎俊一　日本放送出版協会　１９８５年
『ハワイの歴史と文化』矢口祐人　中央公論新社　２０１９年
『ハワイ王国――カメハメハからクヒオまで』矢口祐人　イカロス出版　２０１１年

和木　よう子（わき　ようこ）

1942年福岡県門司市生まれ。東京都立国立（くにたち）高校卒業。1964年東京女子大学卒業後、ハワイへ移住。日本航空ホノルル支店にて39年間勤務。社内で行われた論文募集に「虹の架け橋」と題して応募、入選。退職後、ハワイ日本文化センターのボランティアとして、日本人移民歴史展示室「お陰様で」のガイド及び日系人のインタビュー、翻訳等に従事して今日に至る。

ハワイの歴史を散歩する
— 歴史でたどるホノルルの街 —

2024年 2 月26日　初版第 1 刷発行

著　　者　和木よう子
発 行 者　中 田 典 昭
発 行 所　東京図書出版
発行発売　株式会社 リフレ出版
〒112-0001　東京都文京区白山 5-4-1-2F
電話 (03) 6772-7906　FAX 0120-41-8080
印　　刷　株式会社 ブレイン

ISBN978-4-86641-629-8 C0095
Printed in Japan 2024